CB069237

SOM do VINIL

UM PROGRAMA

CANAL BRASIL

REALIZAÇÃO

MACACOALFA

PRODUÇÃO

ímã

APOIO CULTURAL

oi FUTURO

PATROCÍNIO

oi

GOVERNO DO Rio de Janeiro
SOMANDO FORÇAS

SECRETARIA DE CULTURA LEI ESTADUAL DE INCENTIVO A CULTURA

ENTREVISTAS A CHARLES GAVIN

NERVOS DE AÇO 1973

PAULINHO DA VIOLA

SOM do VINIL

A IDEIA JÁ EXISTIA MAS SÓ COMEÇOU A GANHAR FORMA a partir de um encontro com Geneton Moraes Neto numa esquina do Baixo Leblon, sábado de manhã. A certa altura do bate papo eu disse ao jornalista (e amigo) que há muito tempo vinha pensando em montar um banco de dados na internet, onde seria possível compartilhar o conteúdo das entrevistas de O Som do Vinil, algo que muita gente sempre me cobrou.

Desde que começou a ser produzido, em 2007, o acervo foi ganhando valor inestimável, fruto da generosa colaboração dos convidados que revelam histórias sobre suas canções, seus discos e suas carreiras, recompondo nossa história capítulo a capítulo.

Indo mais longe, afirmei: "nesses tempos em que o espaço na mídia televisiva está se tornando cada vez mais escasso para as vertentes da música brasileira, iniciativas como essa acabam se transformando em estratégicos abrigos de proteção à nossa diversidade cultural, expressa através das artes. N'O Som do Vinil, quem conta a história da música brasileira é quem a fez — e a faz".

Geneton ouviu tudo com atenção, concordou e aconselhou: "você tem que colocar isso em livro também. Pense que, daqui há décadas ou séculos, os livros ainda estarão presentes. Eles sobreviverão, seja qual for a mídia utilizada. Tenha certeza: colocou em livro, está eternizado, é pra sempre".

Cá estamos. A ideia se materializou e o projeto que disponibiliza sem cortes, na íntegra, algumas das centenas de entrevistas que fiz neste anos de O Som do Vinil está em suas mãos. Agradeço ao mestre e também a todos que, de alguma forma, ajudaram.

Aproveite. Compartilhe.

Charles Gavin

Um programa do Canal Brasil

Concepção
André Saddy, Charles Gavin, Darcy Burger e Paulo Mendonça

[Temporadas 2007, 2008, 2009 e 2010]
Apresentação, direção e pesquisa Charles Gavin
Direção Darcy Burger
Assistentes de direção Juliana Schmitz, Helena Machado, Barbara Lito, Rebecca Ramos
Editores Mariana Katona, Raphael Fontenelle, Tauana Carlier e Pablo Nery
Pesquisa e pauta Tarik de Souza
Coordenação de produção Crica Bressan e Guilherme Lajes
Produção executiva André Braga
Produção Bravo Produções

[Temporadas 2011, 2012 e 2013]
Apresentação, direção e pesquisa Charles Gavin
Direção Gabriela Gastal
Assistentes de direção Maitê Gurzoni, Liza Scavone, Henrique Landulfo
Editores Tauana Carlier, Thiago Arruda, Raphael Fontenelli, Rita Carvana
Pesquisa e pauta Tarik de Souza
Coordenação de produção Henrique Landulfo
Produção executiva Gabriela Figueiredo
Produção Samba Filmes

Equipe Canal Brasil
Direção geral Paulo Mendonça
Gerente de marketing e projetos André Saddy
Gerente de produção Carlos Wanderley
Gerente de programação e aquisição Alexandre Cunha
Gerente financeiro Luiz Bertolo

No sulco do vinil

QUE O BRASIL NÃO TEM MEMÓRIA É UMA TRISTE CONSTATAÇÃO. Maltratamos nosso passado como malhamos Judas num sábado de Aleluia, relegando-o ao esquecimento empoeirado do tempo. Vivemos do aqui e agora como se o mundo tivesse nascido há 10 minutos, na louca barbárie do imediatismo. Esse ritmo frenético de excessos atropela não só reflexões um pouco menos rasteiras, como não nos permite sequer imaginar revisitar aquilo que de alguma forma nos fez ser o que somos hoje. Como se o conhecimento, qualquer seja ele, fosse tão dispensável quanto aquilo que desconhecemos.

Esse esboço de pensamento não deve ser confundido com conservadorismo ou nostalgia, mas como fruto da convicção de que preservar e, talvez, entender o que foi vivido nos permite transgredir modismos e a urgência de necessidades que nos fazem acreditar serem nossas. Essas divagações estiveram na gênese do Canal Brasil, inicialmente concebido como uma janela do cinema brasileiro no meio da televisão e, posteriormente, transformado numa verdadeira trincheira da cultura nacional em todas as suas vertentes.

A música, por sua vez, chegou sorrateira, se impondo soberana como artigo de primeira necessidade, muito naturalmente para um canal chamado Brasil.

Começamos a produzir programas musicais e shows e a buscar, como havíamos feito com o cinema, uma forma que nos permitisse fazer o resgate do nosso extraordinário passado musical. Recorrentemente falávamos do *Classic Albums* da BBC, pensamento logo descartado pela ausência de registros filmados de nossas clássicas gravações. Mas, como um fruto maduro, esse tema estava não só em nossas cabeças como também em outros corações.

E foi assim que Darcy Burger nos propôs, a mim e a Andre Saddy, em uma reunião realizada em meados de 2006, a produção de um programa que viesse a ser o *Álbuns Clássicos Brasileiros*. Diante da constatação da impossibilidade de se reproduzir o modelo inglês do programa, evoluímos para a hipótese de se criar um formato brasileiro, contextualizado por circunstancias históricas e políticas e depoimentos artistas, músicos e técnicos envolvidos na feitura dos discos, de modo a viabilizar a elaboração de mais que um programa. Um documentário sobre a produção de cada álbum selecionado. Restava saber quem teria credibilidade suficiente para a condução do programa. E essa foi a mais fácil e unânime das escolhas: Charles Gavin.

Charles, além sua historia bem sucedida de baterista dos Titãs, realizava também um trabalho abnegado de resgate de uma infinidade de álbuns clássicos da musica brasileira. Ou seja, assim como Canal Brasil vem procurando fazer pelo cinema, Charles vinha, solitariamente, fazendo o mesmo em defesa da memória da musica brasileira — o que era, desde sempre, um motivo de respeito e admiração de todos. A sua adesão ao projeto, bem como o respaldo propiciado pela luxuosa participação de Tarik de Souza na elaboração de pautas, deram a ele não só um formato definitivo, mas principalmente, o embasamento técnico e conceitual exigido pelo programa.

Nascia assim, em julho de 2007, no Canal Brasil, *O Som do Vinil*. O acervo de entrevistas desde então registradas para elaboração dos programas em diversas temporadas é mais que um patrimônio, se constitui hoje num verdadeiro tesouro para todos aqueles que de alguma forma queiram revisitar uma parte já significativa da história da música brasileira. ○

Paulo Mendonça

ODEON

TODOS OS DIREITOS DO PRODUTOR FONOGRÁFICO E DO PROPRIETÁRIO DA OBR
INDÚSTRIAS ELÉTRICAS E MUSICAIS FÁBRICA ODEON S.A. – R. ODEO

1
2
3
4
5

RXLD-12.447

VOS DE AÇO
INHO DA VIOLA

ESTEREO　　　Lado 1
　　　　　　　ⓟ 1973

MENTOS (Miginha) 2:28
RIMIDO (Paulinho da Viola) 3:15
LEVE A MAL (Paulinho da Viola) 2:35
OS DE AÇO (Lupicinio Rodrigues) 2:28
O AS UNHAS
ho da Viola) 5:00

3 - ODEON - BRASIL

MOFB-3797

ÚSTRIA BRASILEIRA
BERNARDO DO CAMPO-SÃO PAULO-BRASIL
SÃO RESERVADOS. A REPRODUÇÃO,

NERVOS DE AÇO
PAULINHO DA VIOLA

SENTIMENTOS (2'28)
/Mignone/
COMPREENDO (3'15)
/Paulinho da Viola/
NÃO LEVE A MAL (3'28)
/Paulinho da Viola/
NERVOS DE AÇO (2'28)
/Lupicínio Rodrigues/
ROENDO AS UNHAS (3'00)
/Paulinho da Viola/
NÃO QUERO MAIS AMAR A NINGUEM (2'47)
/Zé da Zilda - Cartola - Carlos Cachaça/
NEGA LUZIA (3'12)
/Wilson Baptista - Jorge de Castro/
CIDADE SUBMERSA (3'34)
/Paulinho da Viola/
SONHO DE UM CARNAVAL (2'38)
/Chico Buarque/
CHORO NEGRO (3'24)
/Paulinho da Viola - Fernando Costa/

Nervos de aço

EMI Odeon, 1973

Diretor de produção Milton Miranda
Diretor musical Lindolfo Gaya
Arranjos Lindolfo Gaya, Nelsinho, Cristóvão Bastos, Copinha
e Paulinho da Viola
Gravação Toninho e Darcy
Mixagem Nivaldo Duarte

Capa e ilustrações Elifas Andreato

MÚSICOS
Paulinho da Viola Voz e cavaquinho
Cristóvão Bastos Piano, piano elétrico e cravo
Dinho Baixo elétrico
Juquinha Bateria
Eliseu Bateria em "Não quero mais amar a ninguém"
Copinha Flauta e clarinete
Nelsinho Trombone
Ritmo Elton Medeiros, Dininho, Elizeu, Juquinha e Dazinho

O pranto e o choro do samba de nervos de aço

ARTISTA DE TEMPERAMENTO RESERVADO, PAULINHO DA VIOLA rasgou o coração neste raro disco conceitual. As letras, na maioria, contam uma história de separação amorosa e a dor de cotovelo ficou ainda mais explícita na capa hiperrealista do artista gráfico Elifas Andreato, onde agarrado a um buquê de flores esfuziantes, o solista chora lágrimas de esguicho, como diria o cronista Nelson Rodrigues. Era um momento crucial do cantor/compositor, que inaugurava também o instrumental "Choro negro" (com Fernando Costa) programado para o eloquente show do lançamento do disco. Tratava-se de *Sarau*, estreado no Rio em outubro de 1973, com Elton Medeiros e o conjunto Época de Ouro, roteiro de Paulinho e do jornalista Sérgio Cabral. A enorme repercussão desta apresentação fez o choro voltar ao sucesso em meados da década de 1970.

Um novo horizonte musical se abriria para Paulinho, até chegar ao duplo lançamento de 1976, em que sua obra se repartiria nos discos *Cantando* e *Chorando*. Mas tudo começou em *Nervos de aço*, das belíssimas e sombrias "Cidade Submersa" e "Comprimido" — esta abordando com sutileza o ácido tema do suicídio.

Já "Roendo as unhas", uma peça de vanguarda, sem tônica nem dominante, evoca os riscos da desencapada "Sinal Fechado". "Eu tinha uma base de arranjo e disse para o pessoal: a partir de tal pedaço, cada um faz o que quer, a coisa é livre", confessou ele numa entrevista da época. Seria "Roendo as unhas" um *free-samba*? O fato é que a seu modo, conduzindo o barco devagar, como ensina em "Argumento", Paulinho da Viola dilatou os limites do samba sem romper com suas origens.

Filho de César Faria, violonista do grupo Época de Ouro, formado por Jacob do Bandolim, Paulinho debutou no show *Rosa de Ouro*, de 1965, estrelado pelas divas Clementina de Jesus (do canto afro-brasileiro) e Aracy Côrtes (do teatro de revista), ao lado de sambistas de estirpe como Elton Medeiros (seu mais relevante parceiro), Nelson Sargento, Jair do Cavaquinho e Anescarzinho do Salgueiro.

De volta a "Nervos de Aço": é relevante no repertório a escolha dos sambas alheios, a maioria encaixada no conceito do abandono, como a própria faixa-título, libelo de Lupicínio Rodrigues lançado por Chico Alves, em 1947. E mais: "Sentimentos", do portelense Miginha, irmão de Manacéa, "Sonho de um carnaval" (Chico Buarque) e o emblemático "Não quero mais amar a ninguém", de Cartola, Carlos Cachaça e Zé da Zilda. Fora do clima mais soturno, entram "Não Leve a Mal", dele, com jeitão de samba de quadra, e "Nega Luzia", um samba crônica de costumes, de Wilson Batista (um dos ídolos de Paulinho) e Jorge de Castro.

Os arranjos são divididos entre Paulinho, o flautista Copinha, o trombonista Nelsinho, o maestro Lindolpho Gaya e o pianista Cristóvão Bastos, responsável pela orquestração da maioria dos discos de Paulinho nos 70. Também faz parte do núcleo duro do instrumental de Paulinho o baixista Dininho, filho do mitológico Dino 7 Cordas, responsável pela constante sustentação elétrica do grupo, algo raro para quem foi formado na ortodoxia acústica do Época de Ouro, de seu pai. Mas foi exatamente desta raiz que nasceu o samba de Paulinho, um fruto aberto ao improviso. Tanto ao choro quanto ao pranto. ○

Tárik de Souza

Paulinho da Viola

Paulinho, conta pra gente como é que estava o samba e a música brasileira, de uma maneira geral, na época da gravação de *Nervos de Aço*?

O samba estava num período interessante, estavam voltados pro samba. Muitos compositores de escola de samba, também. Muita gente estava gravando, vários compositores. Cantoras como Clara Nunes estavam fazendo muito sucesso. Estava uma coisa legal. Com relação ao samba há vários momentos. Em alguns, muitos até diziam: "isso aí vai desaparecer!". Ou até diziam: "isso aí tem que desaparecer!". Eu ouvi isso no final dos anos 1980, o produtor dizendo: "isso é uma coisa que tem que acabar!". Havia uma influência ainda muito forte dos Beatles. Havia a Tropicália ainda estava assim, foi uma coisa que ensejou... Foi um rebuliço, não? Então alguns produtores achavam que a partir daquilo, daquele momento, tudo ia mudar. Ia ser totalmente diferente, o próprio rock e tudo. E o samba passou por momentos assim. Mas com a vitalidade e a história toda que nós já sabemos, sempre teve esses momentos assim que, como teve na música brasileira no final dos anos de 1970, 79, 80, 81, que ficou uma coisa assim, meio nebulosa, como se a gente tivesse que realmente sair de um período. De toda aquela década. E aí começou a aparecer a rapaziada da garagem, os grupos começaram a surgir. O samba estava num momento de muitos sambistas, muitos compositores, continuava atuando. Mas na mídia mesmo você não ouvia nada, nem MPB você ouvia, quase nada. Nessa época, 1973, estava uma fase legal, com muita gente gravando. Os suplementos das gravadoras saíam com muito samba. Muita MPB, o pessoal que não era essencialmente do universo do samba. Principalmente esse samba oriundo das escolas de samba. Esse samba mais tradicional, vamos dizer assim.

Eu tô te perguntando isso pela seguinte razão. Eu acho que o samba, mais do que qualquer outro dos gêneros principais da música brasileira, sofre com as sucessivas ondas que ocorrem no mercado fonográfico. Vem uma onda seja de onde for, de fora ou mesmo de dentro. Aí o samba entra em evidência, sai de evidência, entra em evidência, sai de evidência... E por uma questão que, acho que todo mundo já sabe, mas vale a pena a gente falar aqui. Por isso que eu te pergunto: não acho que o samba esteja morrendo ou vá morrer, mas naquele momento ele estava em evidência, é exatamente aí que eu queria jogar. Estava em evidência? Ou tinha uma outra onda, como a Jovem Guarda, que passa como um tufão assim na frente de tudo e joga tudo pro lado?
Não, nessa época não havia isso. Havia o pessoal mais da minha geração, que já fazia um trabalho, que tinha como referência alguns compositores, o universo do samba, mas já de uma maneira diferente. Já também com a influência da Bossa Nova e alguns até com influência da música americana. Do jazz principalmente, isso sempre teve. Quando eu comecei a desconfiar, isso há muito tempo, das inúmeras reclamações que algumas pessoas faziam, às vezes com algum fundamento, às vezes sem nenhum fundamento... Dizer: "você não ouve mais isso, não ouve mais aquilo". No meu tempo era assim. Até de uma maneira saudosa e tudo. Eu ficava meio, assim, desconfiado, porque as coisas estavam acontecendo. Eu posso falar, pelo menos esse tempo todo

em que eu estou atento a isso desde os anos 1950, quando eu era um adolescente e estudava no Largo do Machado. Eu via a garotada falando assim: "vem aí um ritmo alucinante". Ninguém sabia o que que era um ritmo alucinante. 1955, 56, por aí. Eu e meu irmão. Naquela época o rádio ainda era uma coisa muito forte, os cantores, os artistas do rádio? A televisão ainda não tinha aquela força. Ainda não tinha a Bossa Nova. E aí vem um ritmo alucinante, quer dizer, ouvia-se muita música americana, muitas orquestras americanas; tinha o pessoal do jazz, que eu ouvia. E na música brasileira você tinha samba, choro, baião, tudo. Aí vem um ritmo alucinante! Era *Balanço das horas*, Bill Halley e Seus Cometas. Aquilo foi realmente uma *tsunami*. Uma coisa alucinante mesmo, quando chegou aos cinemas. A garotada ficou alucinada. E eu, com uma formação totalmente diferente, achei aquilo um absurdo, achei que era uma música demoníaca. Era uma coisa assim: "mas o que é isso? Uma música que passa nos cinemas e aí o cinema fica todo quebrado!" Eu me lembro que saiu uma reportagem no jornal, porque o cara ficou assim e deu um tiro na tela. Até isso rolou. E foi um escândalo. E é claro que esse escândalo foi uma ruptura, porque em consequência, houve um grupo que torceu a favor e outro contra. Mas foi uma coisa avassaladora e logo depois os grandes astros do rock apareceram também, começaram a surgir. Pois bem, logo depois chegou a Bossa Nova. E sempre se ouvia alguma coisa em torno de "o que veio até agora tem que sumir, tem que acabar". O samba era uma delas. Por exemplo, as escolas de samba não eram assim. Eu me lembro de assistir ainda muito jovem o desfile na Rio Branco. Era uma coisa que as pessoas assistiam e tudo, mas nem se compara com o que é hoje um desfile de escola de samba. Havia também, eu não vou dizer, assim, um preconceito, mas um desconhecimento muito grande do que era esse universo do samba, das escolas. Normalmente, entre alguns sambistas oriundos de escola de samba, já havia alguns sambistas conhecidos, mas a turma não passava muito essa imagem de vínculo muito forte com as escolas. Porque as escolas de samba eram uma coisa ainda um pouco fechada. Frequentava-se escola de samba, sim, mas não era essa massa que hoje vai prestigiar, que assiste, que desfila, que tem gente de tudo quanto é canto pra sair. O samba estava ali, como suporte de uma porção de coisas. Como referência para muitas coisas, até para João Gilberto... Mas sempre com essa coisa de mudar. E eu entendo isso. É claro que têm as pessoas que se agarram muito a determinada época, determinado tempo e fazem daquilo o seu universo e acham que aquilo é a verdade. E que ninguém pode trazer uma ideia nova, o novo não existe, não sei o quê. Assim, como há pessoas que têm um enorme preconceito contra toda a história passada, com todo o acervo que você tem... Uma pessoa pode ter, de repente, preconceito contra o Orlando Silva, porque ele era uma pessoa que cantava com vibrato e isso não se usava mais, não sei o quê... essas bobagens. Então isso sempre rolou. Agora, depois de um certo tempo, eu comecei a perceber, também, que tinha um lado muito positivo, porque toda vez que você cria polêmica, que você provoca, é provocado, isso vai ensejar alguma coisa. Às vezes resulta numa coisa interessante. Há pessoas que chegam com ideias novas e são rejeitadas. E depois aquilo passa a ter uma importância muito grande, porque toca outras pessoas e vêm outras pessoas com ideias diferentes e muitas vezes você tem um movimento, uma outra dinâmica dentro dessa coisa que se alterna e tudo que ela vai trazendo, lentamente. Às vezes se reportando a coisas já feitas e às vezes trazendo um dado novo. É uma coisa que vem. E dentro disso você tem uma gama enorme de artistas e ritmos, graças a Deus, na música brasileira, oriundos de várias regiões, que num determinado momento não tinham nem essa possibilidade. Na medida em que o país foi crescendo, as tecnologias foram mudando, você vai tendo mais acesso à informação... É claro que há o núcleo concentrador, como é o eixo Rio-São Paulo, naquela época especialmente o Rio, que ainda era capital. Mas é evidente que as outras regiões começam a se manifestar, também, começam a crescer, a revelar seus artistas. Eu acho que isso é uma coisa muito positiva. É isso que mostra a riqueza que nós temos. A criatividade de muitos artistas. E o samba sempre esteve aí dentro. Como foi e é uma coisa muito forte, até ritmicamente muito forte, e foi trabalhado durante muitos anos por muitos artistas. Mesmo antes da primeira escola de samba já se discutia o que era samba, o que não era. Se as chulas, trazidas pelos baianos, eram samba. Ali naquela região que ficava pela Lapa, pelo Estácio. As tias Ciatas da época, trazendo as chulas de raiadas do Recôncavo Baiano. Se aquilo era samba, na verdade aquilo também estava em transformação, também estava influindo, também estava tocando as pessoas de alguma forma, elas eram influenciadas, também, por outras formas, já faziam coisas diferentes. É famosa a história do encontro do Donga e do Ismael Silva. Acho que foi o Sérgio Cabral que perguntou. "O que que é samba pra você?" O Donga disse: "...O chefe da polícia pelo telefone.." Aí depois perguntou pro Ismael, que falou: "Não, o samba é isso aqui: '...Se você jurar que me tem amor...'" E se você pegar as duas formas, você vê que são diferentes. Uma permite um andamento mais rápido. A outra não, tem que ser uma coisa mais contida. Aí já fica um pouco como uma coisa do passado, ao qual mesmo esse pessoal daquela época já se referia. Quando aparece Ismael e Noel Rosa, aquela turma toda, principalmente o Ismael com o pessoal do Estácio, eles já se voltam para os outros um pouco mais velhos. Eles já se voltam se referindo como algo que já ficou meio ali: "isso aí é meio antigo, a gente é a novidade, a gente que está construindo uma coisa". Isso sempre teve, sempre teve alguém dizendo. Você sempre teve autores como o Garoto. Se pegar coisas do Garoto antes da Bossa Nova... O Garoto morreu em 1955, se você pegar as coisas que ele fez antes disso, você fica estarrecido, você vai falar: "Como? Já tinha esse? Já se tocava assim? Já se usavam esses acordes?" Se você ouvir o Valzinho, em 1938, o próprio Herivelto Martins com algumas composições dele, você vê que ele já é uma coisa diferente, já tem encadeamentos harmônicos complexos. Desses autores, algumas coisas não eram populares, apesar de cantadas por uma Dalva de Oliveira, uma Zezé Gonzaga cantando Valzinho, Radamés Gnatalli fazendo arranjos e tudo. Músicos que se preocupavam em estar sempre acrescentando coisas, ouvir outros de fora. Muitos fizeram isso. E o samba sempre dentro disso como uma vertente, como uma coisa central passando, de uma certa maneira influindo, recebendo influência de vários artistas. E vem até hoje com esses momentos em que as pessoas chegavam até a dizer: "isso acabou". Não acabou, não é? Eu me lembro, em 1983, 84, eu me lembro de ter uma conversa com um produtor, com diretores, o pessoal meio perplexo pra saber o que ia acontecer. Querendo apostar em alguma coisa que fosse acontecer e tudo. Eles estavam meio "quem é que a gente grava?, quem não grava?"... Aí o Agepê, o falecido Agepê, gravou, parece que um compacto. Acho que não tinha nem contrato, nem nada e foi um sucesso nacional. "... Faz de conta que sou o primeiro... na beleza desse seu olhar..." ["Deixa eu te amar"] Isso fez um sucesso nacional. Em 1983, 84, mais ou menos por aí. Então percebe-se também o seguinte; que já nos subúrbios do Rio de Janeiro já se falava de um pagode. Não tinha ainda essa coisa do pagode como um gênero que depois foi vendido... Mas era o Zeca Pagodinho, o pessoal do Almir Guineto, Jovelina Pérola

Negra, Fundo de Quintal, o pessoal que se reunia ali no Cacique de Ramos. Aquilo veio num crescendo, você não ouvia isso nas rádios e eles já se apresentavam em vários lugares. Enchendo ginásios, os subúrbios e tudo. Quer dizer, de repente isso começou a vir para as praias. Eu mesmo via isso, grupos cantando coisa do Zeca, da Jovelina. É um sucesso, a mídia teve que ir lá reconhecer. Isso foi um momento em que, eu me lembro, também se falava, tinha o *In* e o *Out*. O que que vai ser nesse verão, o que que já saiu fora. Teve um período que era isso mesmo, não é? Quer dizer, acho que nossa música, não só o samba, tem uma vitalidade grande. E por que tem essa vitalidade? É porque o nosso povo é que faz isso, as pessoas é que fazem isso, elas que mantêm isso vivo. Se está na mídia ou não, tudo bem. O movimento do choro nos anos 1970. Em 1973 nós fizemos o *Sarau*, que era um show de samba e choro. Um *Época de ouro* depois da morte do Jacob do Bandolim, que foi em 1979. Aí foi um sucesso, jovens, todo mundo foi lá assistir no Teatro da Lagoa, todos se interessando. Aquilo, de uma certa maneira, ensejou essa coisa do choro e tudo. Aí os grupos de choro começaram. Em 1976 já tinham Clubes de Choro fundados em Brasília, Fortaleza, Recife. Eu fui a vários, convidado a fazer parte do clube. Muitos autores desengavetaram o choro. Quando o próprio Jacob do Bandolim achava isso, no final, pouco antes de morrer, que o choro ia morrer com ele. Ele sentia isso e tem uma gravação dele dizendo isso. E nada disso aconteceu, porque nós somos assim, apesar de toda essa força que existe hoje e esse controle que existe hoje, é muito mais fácil. Mas nosso povo já mostrou, ele é o senhor de tudo, porque ele é que dita as coisas, entendeu? Você vê todos esses movimentos quem têm surgido aí, mesmo os movimentos dentro do universo do rock, é tudo a turma que faz e a garotada que vai atrás, que muda. "Não quero isso, vamos fazer uma tribo aqui diferente". É assim. E o samba, eu acho que ele tem essa força. Ele é uma coisa muito forte.

Você acredita que o samba tem uma coisa em comum com o jazz e com o blues. Não é uma coisa comum. É uma música que veio dos escravos africanos quando foram trazidos pro continente. E são gêneros que fornecem a base pra música *pop*, como a gente conhece. Jazz, blues e o samba. A MPB saiu do samba e assim por diante e aí vira outra coisa, eu já citei samba-rock, samba-funk, jazz, sambalanço, em vários gêneros que saem a partir do *swing*. Mas o samba permanece ali como fonte de água pura. Você acredita que tem alguma explicação?

O que eu acho, mas não é só a música do samba, tem outras coisas. Uma vez eu estava em Botafogo num botequim. Isso, acho que no começo de 1971, 72, eu me reunia muito com os amigos do meu pai aos sábados. A gente ficava ali no botequim, em Botafogo. De tarde, conversando, depois que eles saíam da praia. E aí chegou uma moça, que já era muito conhecida da família, acompanhada de dois rapazes. Um com bonezinho, e o outro falou assim: "olha, esse rapaz aqui é americano, ele é músico americano. Ele é pianista e tudo e ele conhece já, mais ou menos, você e ele queria conversar um pouco com você". Eu me afastei um pouco e ele disse: "estou aqui no Rio, porque eu ouvi a música de um músico de vocês, que foi o Ernesto Nazareth, e eu achei que é uma coisa muito parecida e tem uma"... ele não usou o termo, mas ele quis dizer assim: não é o ritmo, não é a levada, mas tem alguma coisa que evidentemente passa por certas cadências e tudo assim, que me lembra muito os músicos como Scott Joplin... por exemplo. Aí depois eu fui ouvir Scott Joplin, e falei "mas é verdade!" Eu conversei muito com ele e tudo. Aí falei do Nazareth, eu não sei o quê que ele fez depois. Ele estava provavelmente estudando, estava querendo criar essa ponte. Quer dizer, não é só, existe essa base comum, que é a coisa dos negros, escravos nos Estados Unidos e os catadores de algodão; e o pessoal que trabalhava aqui na lavoura... Então é claro que isso é uma coisa muito forte. Apesar de você observar que são situações diferentes, culturas diferentes. E momentos diferentes, clima, tudo diferente. Mais língua! Mas você percebe que essa coisa é muito forte. Existe, também, eu não conheço muito bem isso, que é a coisa da religiosidade. Do negro, reprimida pela religião oficial, protestante ou católica no caso. E como isso é transfigurado, quer dizer, como isso é incorporado e é devolvido, tem tudo isso. Mas eu acho que esses dados são muito importantes. O que eu acho mais interessante é o seguinte, a gente sabe que tem uma dinâmica dentro disso. Você sabe que talvez as melhores influências são aquelas que você recebe e você não percebe muito bem que você está recebendo. Às vezes você até nega essas influências e elas estão em você. Eu acredito que há música negra, tanto nos Estados Unidos, como em toda parte onde houve esse processo todo de humilhação do negro. Essa diáspora negra que muitos falam, eu acho que isso, é claro, influenciou muito através de um gesto diferente. Há uma outra corrente que bebeu nessa fonte de uma maneira diferente. Quer dizer, tinha uma aproximação, conhecia e tudo, mas foi como se você fizesse uma pesquisa e tirasse elementos daquela pesquisa. Você percebe, analisa aquilo e usa de uma maneira diferente. É um outro comportamento. Eu acho que o que é mais interessante nisso tudo é que hoje, com toda essa dinâmica, com todos esses movimentos, com tudo que aconteceu na música no mundo, de repente você tem um jovem que vai ouvir o Nazareth, ou o Pixinguinha, ou o João da Bahiana e se encanta com aquilo. Como vai ouvir o B. B. King, que já é

Hoje, com tudo que aconteceu na música no mundo, de repente você tem um jovem que vai ouvir o Nazareth e se encanta com aquilo. Se envolve com aquilo de uma tal maneira e acaba querendo até reproduzir e já vai fazer, de repente fazer uma coisa diferente ou bebe naquela fonte de uma maneira mais apaixonada e acaba mudando o rumo da coisa.

uma coisa um pouquinho diferente e fica encantado com aquilo. Você tem toda uma história desde os blues lá atrás, até as grandes orquestras, os músicos e todo o movimento do jazz. E você tem a revolução do Miles Davis, de todos os grandes músicos que mexeram com isso, negros ou não, e aí, de repente, você tem um grupo de pessoas que se encantam com isso ou aquilo independentemente de época ou não. Às vezes se envolve com aquilo de uma tal maneira e acaba querendo até reproduzir e já vai fazer, de repente fazer uma coisa diferente ou bebe naquela fonte de uma maneira mais apaixonada e acaba mudando o rumo da coisa. Isso acontece, muitos músicos fazem isso. Eu acho isso mais interessante nessa história toda.

Antes da gente passar pro disco, você poderia fazer um resumo da sua formação musical?
Bom, durante toda a infância eu ouvia basicamente a música que se tocava em casa através do rádio. Eu não ficava ouvindo o rádio o dia inteiro, mas ouvia alguns programas. Haviam programas de auditório, principalmente na Rádio Nacional, e na Rádio Mayrink Veiga. E ouvia muito o universo do meu pai, que era o pessoal do choro que frequentava a casa do meu pai. Eu fui criado num bairro, Botafogo, no Rio de Janeiro, que não tinha escola de samba, mas tinha muitos blocos de carnaval, carnavalescos, muitos grupos que se reuniam pra fazer música, seresteiros. Tinha muito isso, é um bairro de muita música, principalmente no carnaval. Eu fui muito influenciado por isso, pelas músicas de carnaval, pelas marchinhas de carnaval, pelos sambas de carnaval, muito, muito mesmo. Por esse universo do choro e depois não posso dizer que tenha sofrido uma influência da música de rock através do *Balanço das horas* ou mesmo do Elvis Presley. Adolescente? Não, não pegou, eu torcia contra. Porque eu ficava

assim, já adolescente. Mesmo no subúrbio, o rock tomou conta de tudo. Tinha umas festas, a turma toda ia pras festas. Tinha festas de rock. Foi um período da minha vida que eu fiquei muito sozinho. Eu, meu irmão, que a gente vivia um universo muito mais antigo. E eu ficava mesmo deslocado. Mesmo quando apareceu a Bossa Nova eu fiquei assim. Porque a Bossa Nova foi um alívio dentro disso, entende. Eu ficava meio assim, com o pé atrás, porque algumas pessoas se referiam à forma de tocar, por exemplo, como meu pai tocava, o Dino Sete Cordas, o Meira, os grandes violonistas dos grupos, os conjuntos regionais e tudo assim se referiam como uma coisa já superada. "Isso não se usa mais". Contracanto o pessoal chamava de baixaria, isso é uma baixaria do violão. Então eu ficava meio escandalizado com isso. E eu achava isso uma maravilha! Eu achava a batucada que o meu pai fazia quando acompanhava um samba no violão ou mesmo o Dino, que era uma coisa assim, tão forte! Eu falei assim: isso é uma maravilha... Então eu torcia contra o adversário, aquilo que estava dizendo que já estava ultrapassado. Mas é claro que, com a vivência de outras pessoas da minha geração, os colegas na rua e tudo isso foi mudando, mas eu estava dentro já tomado por um universo que era esse. E era um universo muito rico. Depois meu pai, quando eu ainda era adolescente, percebeu que eu pegava o violão, queria ficar mexendo com o violão. Ele não era muito de dar força, não. Depois eu entendi por quê. Porque pra ele ensinar era muito difícil. Porque o meu pai foi um grande violonista mesmo, eu toquei muito com o meu pai, eu vi meu pai tocar com grandes músicos. Um dia eu perguntei pra minha avó: vem cá, papai começou a tocar violão quando? Ela falou assim: "olha, até a época que ele foi pro quartel ele não tocava nada. Aí um dia ele veio lá do quartel com um violão, chegou em casa com um violão...", quer dizer, já devia ter mais de dezoito anos. "Aí ele ligava o rádio", minha avó dizia assim, "e ficava querendo acompanhar as músicas do rádio". Aí eu falei assim: "ué, mas foi assim que ele aprendeu?" "É e depois ele já tava tocando". Eu falei: "Ué, coisa estranha". Ai um dia eu perguntei a ele: "papai, mas o senhor aprendeu com quem?" "Eu cheguei no quartel e tinha uma turma lá, tinha o Pires que era um amigo dele. Ele me ensinou uns acordes, aí eu fui tocando". "Pois é pai, foi assim?" "É, foi assim." Eu não entendi nada. "Você não aprendeu?" "Não, depois eu aprendi um acorde com um, com outro. Ué, e logo depois já tava tocando com Jacob"! Pois bem, então eu acho que ele não sabia também muito...Dizia: "olha, não, esse acorde está errado, melhor você fazer aquele outro. Faz assim." Ele sempre tinha uma sensibilidade muito grande, mas ensinar... Então nós tínhamos um amigo que era uma figurinha. Era o seu Zé Maria. Seu Zé Maria era um nego alto, magro, usava uns oculozinhos, assim redondinhos, sabe? E tinha uma cabeleira lisa que vinha até aqui. Eu já achava aquilo estranho. O cabelo dele era muito grande e ele já era um senhor, assim, eu adolescente, ele já devia ter perto de uns cinquenta anos ou mais. E ele não saía da casa do papai, porque ele tocava violão também, sabia música. Teoria, solfejo, tudo ele aprendeu sozinho. E ele era zelador do número dezessete da rua onde nós morávamos. A casa ainda está lá, o prédio ainda está lá. Ele morava num quartinho. Ele era solteiro e tinha uma irmã que morava no final da rua. A rua não tinha saída como tem hoje. Ele vivia na casa do pai. Ele consertava rádio da turma. Era um cara assim, um sujeito que tinha um talento incrível. E ele era uma pessoa que tinha uma grande cultura. Ele fazia transcrições de músicas de Debussy pra violão e tudo. E ele fez algumas transcrições, me disseram, para o Dilermando Reis, também. Eu não sei se isso é verdade. Mas ele era uma pessoa muito... ele falava baixinho e tudo, era muito recatado. Aí papai quando viu que eu tinha alguma... uma coisa engraçada: ele não acompanhava. A percepção para acompanhamento, ele não era muito, não, ele era de ler música, de fazer, ele sabia se um acorde estava errado. Ele sabia música, assim: a teoria, o solfejo, a divisão. E, na época, papai quando percebeu disse: "Zé Maria dá umas aulas pra ele." Então ele ficou me dando umas aulas. As primeiras aulas eram com o método de Matteo Carcassi. Esse método foi o primeiro que veio pro Brasil. Então eu comecei a aprender música, assim. Eu me lembro que o método do papai que era... não era nem, Dó, Ré, Mi, Fá, Sol, não, era Ut, Ré, Mi, Fá, Sol... assim, Ut, com U, é grafia alemã. Então o método era muito antigo mesmo. Eu ainda tenho esse método em casa e tudo com o nome do meu pai. E eu comecei a estudar ali. Acho que muitos violonistas começaram a estudar ali. Os arpejos, depois a mão direita, aquela coisa toda, e eu achei que ia, depois quando eu comecei tocar melhor um pouquinho, ser um solista de violão, porque eu estava aprendendo... Eu ficava vendo e ouvindo, mas não entendia muito bem. Quando comecei a querer acompanhar uma música, eu não sabia. Como é que eu vou acompanhar essa música? Também, já quando faltava pouco pra ir pro exército, com dezoito anos, eu já acompanhava. Eu já era capaz de acompanhar determinadas músicas e acompanhava, uma pessoa cantava, às vezes eu tinha dificuldade de pegar o tom. Mas se era uma música conhecida, eu logo acompanhava. Então isso foi um processo. Depois do seu Zé Maria eu me interessei por música, comecei a estudar música. Eu tive um professor de música. Um outro amigo do papai, que era professor, mesmo, compositor e tudo. Estudei algum tempo com todo mundo na época, isso já no final dos anos 1960 com a Esther Scliar. Todo o pessoal de música popular, muita gente estudou com ela. E a minha formação é um pouco assim, quer dizer, de tocar com os outros, experiências. Quando fui logo pra

Portela eu já tocava um pouquinho de cavaquinho, tocava mais violão e tudo. Eu me lembro que saía com o Candeia, às vezes parava assim e a gente ficava cantando ali, tudo. Daqui a pouco tinha uma multidão. E chegava um: "eu vou cantar"! E cantava. Então eu tinha que ir atrás. Isso foi uma escola legal. Eu me lembro que no dia seguinte eu estava assim, com os dedos inchados e escuros de tanto tocar. A noite inteira tocando, tocando... isso foi uma escola legal que eu via muito no samba. Tudo isso você vai criando assim, uma, você se identifica logo, a percepção fica muito mais aguçada e tudo em relação a esse universo. Quando você vai pro choro é outra coisa. Você tem que já ter uma outra prática e tudo porque é uma coisa mais complexa em termos de harmonia.

Tecnicamente é mais difícil...
É mais difícil. E chega um momento que mesmo os grandes músicos de choro, como Jacob me dizia, ninguém é obrigado a adivinhar nada. Então os músicos, os compositores antigos, entre eles o Candinho do Trombone, faziam músicas pra derrubar o outro. Então criava uma música que tinha uma harmonia tão complexa e com mudanças inesperadas, que o sujeito parava no meio. Aí ele ria: "tá vendo!" Não é que o cara não soubesse tocar, é que você não pode adivinhar o que o outro vai fazer. Quando você tem um encadeamento maior, mais simples, que são muitas constantes e tudo é muito mais fácil, a gente vai e toca para onde está indo. Você já sabe, mais ou menos, pra onde vai. Quer dizer, a minha formação foi essa, ouvir muita música e tudo...

Estou evitando entrar um pouquinho nisso, porque esse papo está muito bom, só queria mais uma coisinha. Nor-

malmente acontece quando você está começando, além do seu pai olhar pra um outro músico, um outro artista ou algum disco e falar: "é isso que eu quero fazer". Ou não, ou então naturalmente quando você vê, já é. Como é com você? Quando você percebeu, a música já havia te conquistado ou você foi atrás dela? E se foi, por quê? Teve alguém, um mestre, alguma música, algum disco que bateu, aquele que você fala: "caramba, é isso!"

Não, eu ouvia muita coisa. Eu sei o que a gente ouvia, me lembro além do rádio, discos que meu pai levava pra casa e tudo assim. Mas era sempre mais uma coisa ligada aos grandes da chamada era de ouro, época de ouro, o choro, música instrumental e tudo assim. Eu me lembro, ainda morava em Botafogo na casa onde eu nasci. Ainda está lá. E tinham comprado uma televisão, isso em 1962. Foi a primeira televisão que a gente teve. E eu estava, acho, no quartel, no exército. Servindo o exército. Eu não me lembro se era um sábado. Era um dia que eu estava vendo televisão. E aí eu vi três ou quatro pessoas que me chamaram mais atenção do que os outros. Pela maneira como eles estavam tocando. Que era o Nelson Cavaquinho, o Cartola, o Zé Keti com uma caixa de fósforo e o Elton Medeiros. E eu não conhecia eles. E eu estava em casa. Eu nunca mais esqueci isso por uma razão simples. Eu não podia imaginar que dois anos depois, em 1964, eu estaria ao lado deles, vendo o Cartola tocando com o Nelson, com o Elton, acompanhando o Zé Keti pra onde ele ia. Como eu tocava, ele me pegava, pra onde ele ia, eu ia com ele. Eu tenho fotos com ele na Mangueira, ele sendo recebido lá em vários lugares. Eu não imaginava isso. E eu me lembro que eu chamei "papai, olha que coisa maravilhosa, eu quero fazer uma coisa assim! Eu gostaria de fazer uma coisa assim". Porque eles estavam tocando, o Nelson, eu acho que era só o Nelson Cavaquinho de cavaquinho, Cartola, não sei se Cartola estava com violão. Eles estavam cantando aquilo que seriam já os grande sucessos deles depois com a Nara Leão, "Diz que fui por aí", "Luz negra", "O sol nascerá": "... a sorrir eu pretendo levar a vida..." Depois de passar muito tempo conversando com o Elton, descobri o seguinte. Que aquilo foi um encontro, uma espécie de samba *versus* Bossa Nova. Que era o Sérgio Porto apresentando o pessoal do samba tradicional. E um jornalista chamado Franco Paulino, apresentando a turma que poderia representar a Bossa Nova. Uma das professoras era a Rosinha de Valença, os outros eu não estou me lembrando agora. Então isso era uma polêmica. Eu fiquei ligado nisso. Eu me lembro que o meu pai passou eu brinquei com ele e falei: "papai isso aqui é legal" Ele olhou pra mim e riu, e disse assim: "rapaz, isso aí não vai por aí. Se você quiser hoje fazer sucesso e tudo, é melhor você fazer *hully-gully*. O *hully-gully* que era uma coisinha da época. Rapaz, ele me deu uma gozação assim, eu não sabia se estava falando sério. Mas você vê. Eu acho que isso foi uma coisa que marcou muito, que eu não esqueci até hoje e depois comentei isso muito com o Elton e ele me contou essa história.

Pouca gente hoje consegue explicar como você o estilo de cada um desses mestres que você conheceu tão bem... Como você definiria, em poucas palavras, o estilo do Nelson Cavaquinho, do Cartola, Zé Keti, do Elton Medeiros? Como artista geral, não só como músico, compositor, cantor.
O Zé Keti, que eu conheci bem, é um dos grandes sambistas de todos os tempos. Cada um deles tem um traço. É um coisa de um traço. Por exemplo, uma melodia do Zé Keti tem algumas frases, tem um fraseado melódico e tudo que a gente percebe: "isso é Zé Keti". Porque é uma coisa muito rica e tem essa coisa do traço pessoal de cada. O Nelson, aquela coisa do violão percutido dele,

batido. Ele tocava... A melodia dele era uma melodia talvez mais difícil pra dizer: "este samba é do Nelson". O Nelson tinha a coisa do violão dele era muito forte. Era uma coisa diferente de todo mundo, mais percutida, é como se ele quisesse fazer ao mesmo tempo o ritmo pra si mesmo. Todo músico tem um pouco isso, não é? Muitos tocam violão e na verdade estão fazendo uma harmonia, uma batida, uma levada pra poder servir de suporte rítmico para aquilo que está fazendo. O Nelson tinha isso numa maneira muito especial. Ele tocava com o dedo no tampo do instrumento e tocava com o polegar e com dois dedos. Ele não tocava normalmente como os violonistas, fazendo arpejos. Apesar de que ele tocava cavaquinho, também. Ele, normalmente, usava o dedo assim, no tampo. Acho que ninguém toca como tocou Nelson Cavaquinho. Ele usava muito a diminuta, por exemplo, pra fazer introdução. Era uma coisa essencial, mas era tão bonito aquilo da voz! Os sambas dele, maravilhosos! "sempre só, eu vivo procurando alguém que sofra como eu também, mas não consigo achar ninguém...." Isso é um clássico, uma coisa do Nelson. O Zé Keti com aquela coisa de todos os grandes cronistas. O Elton já era uma coisa mais do cara que foi de gafieira, que tocou numa época trombone de pista. Então o trabalho dele é mais temperado e tem uma coisa, uma característica do Elton, que é o desenho harmônico mais complexo. Às vezes, para você perceber um samba do Elton, o encadeamento harmônico é muito difícil. E eu já reparei porque compus muitas vezes com ele. Às vezes, por exemplo, você faz uma pequena frase, ele emenda, já segue com uma outra frase. E se você não guardar aquilo, ele volta e faz uma frase diferente. E vai fazendo isso, entendeu? é como se fosse uma brincadeira para ele. Ele vai e é até difícil, às vezes, você fixar, porque ele muda muito. Ele mesmo não decora e vai criando na hora uma linha. É difícil trabalhar com ele. Eu adoro quando ele traz a melodia pronta. "Tá pronto? Tá bom, deixa aí". Uma vez eu aprendi um samba dele, a gente comendo um pastel ali na Praça Tiradentes. Eu estava gravando e ele chegou e começou a conversar ali em frente ao Teatro João Caetano, do outro lado. E me mostrou um samba que ele fez com Otávio de Moraes, que aliás é outro excelente letrista. Um arquiteto, filho da Eneida, escritora, que escreveu *A história do carnaval*. O Otávio foi jogador do Botafogo, meia esquerda. É um excelente letrista. E eles fizeram um samba chamado "Fatos e fotos". Eu não me lembro, tem muitos anos isso, mas eu me lembro que tive que aprender e depois ficar pensando que acorde ele faria, o que ele estava pensando, realmente, em termos harmônicos. Porque o Elton às vezes faz um acorde no cavaquinho, mas ele não toca cavaquinho, não toca violão. Aí você pegar isso assim no conceito, cantando, entende? Mas pra onde você tá indo? Depois você ficar procurando o instrumento: não, não é isso mesmo. O Elton é isso, apesar de ter sambas mais simples e tudo. E o Cartola. Eu não fui muito rápido, mas falar dessa turma não pode ser com duas ou três palavras, não é? Cartola era uma outra história.

Eu que sou paulista, que tenho outro tipo de ouvido, quando ouvi o Cartola pensei: "isso não é Cartola, isso aqui é Debussy"! Gostava de música erudita... ele tem uma coisa a mais, é mais melancólico que os outros. As melodias são mais tristes, são em tom menor, às vezes.

O Cartola é isso. Eu acho que muita coisa do que ele viveu e passou está na obra dele. É de alguma forma e a gente não sabe, porque há um período da vida dele do qual ele não gostava, ele não falava e não se sabe. Eu o conheci... o Cartola era uma pessoa mais reservada, talvez mais tímido, não sei, do que esses outros.

O Nelson, eu tenho certeza, o Nelson não tinha nada de timidez. Nem Elton, muito menos o Zé Keti. O Cartola era mais reservado. E ele tinha uma outra visão, talvez mais cética em relação às coisas. A vida e tudo pelo o que ele viveu, vivenciou, passou... Então eu acho que isso está muito na obra dele, na melodia. Mas ele era uma pessoa muito bem informada, que ouvia outras coisas. Ele falou isso algumas vezes. Ele era uma pessoa com esse ar reservado, que eu, por exemplo, poucas vezes conversei com ele. Eu vivia com o Zé Keti, o Elton. O Nelson, não, porque era mais velho e o Nelson era uma figura solta. O Nelson era muito irreverente e era uma figura adorada e amada por todo mundo, porque ele saía e ninguém sabia quando ele ia voltar. Eu lembro uma vez, nós saímos de um encontro, não sei se foi em Ipanema ou Copacabana, de um lugar onde todos nós tocamos. A gente se reunia muito às segundas-feiras no Teatro Jovem. Isso em 1975, 76, por aí. Era uma roda de samba que o Zé Keti organizou ali às segundas-feiras, e o Nelson apareceu muitas vezes. E às vezes a gente saía dali e ia pra um bar que não existe mais, que ficava na esquina da rua da Passagem. Isso tudo foi derrubado, não existe mais. E aí, às vezes, ficava até tarde, porque chegava uma hora que o dono fechava o botequim e a gente ficava ali dentro. Quem estava ali ficava ali. Cantando samba e conversando. E às vezes dava três, quatro horas, vamos embora! E a turma tinha que ir pro subúrbio. O Zé Keti ia lá pra Bento Ribeiro, às vezes eu ia pra Vila Valqueire onde morava a minha tia, onde eu fiquei muitas vezes. O Elton ia pro outro lado, todo mundo ia pra lá, Jair do Cavaquinho... Pois bem, algumas vezes o Nelson ia com a gente e quando chegava na Lapa ele saltava. Ele já ficava por ali. Eu me lembro do Zé: "não, Nelson, vamos embora!" Ele ficava ali. Ele sempre foi uma pessoa assim, muito solta... O Cartola, não, já era bem reservado, uma pessoa que falava pouco...

Faz um resumo também, Paulinho, para nós, do Candeia que você conheceu tão bem.

Eu conheci o Candeia em 1965 na Portela e, como ele também tocava violão, logo nos aproximamos. Fizemos uma parceria que foi gravada, um samba chamado "Minhas madrugadas". Foi título até de um disco da Elizeth Cardoso, um samba muito executado na época. "...Vou pelas minhas madrugadas a cantar, esquecer o que passou..." E aí sempre houve reuniões na Portela. Ele era uma pessoa muito querida, reunia muitas pessoas na casa dele. Encontros de sambistas e tudo, mas muito na Portela. Teve essa fase primeira, que a gente saía algumas vezes depois do ensaio pra ficar tocando, acompanhando assim outros sambistas e compositores lá da Portela. Teve essa fase, e uma fase depois do Candeia. O Candeia era uma pessoa muito forte. E até pelo tamanho dele, uma figura tão forte. Ele impunha um respeito só por isso. Mas ele não falava alto, ele falava muito baixinho, pelo contrário. Depois ele teve um acidente. Ficou em cadeira de rodas durante muito tempo. Conseguiu escapar, e aí mudou muito. Foi mudando o jeito dele. E ele começou, já tinha esse tipo de preocupação, eu me lembro. Essa coisa da escola, da história da escola, dos valores da escola, os rumos, ele já tinha essa preocupação. Ele sempre teve essa coisa de liderança, de liderar. De reunir a turma pra dizer: "olha, vamos fazer assim ou não, vamos fazer assado." Todo mundo gostava dele, todo mundo estava sempre se reportando a ele de alguma maneira. Ele tinha muitos parceiros, também, principalmente o Casquinha, o Valdir Cinquenta e Nove. E foi nessa época que eu conheci o Candeia. Depois do acidente dele, ele começou a se voltar mais pra essa coisa do samba, da história do samba, da preocupação com os rumos que as escolas estavam tomando, tudo assim. E eu me lembro que nós tínhamos um grupo dentro da Portela, do qual fazia parte o Carlos

Monte, o pai da Marisa Monte, o Carlos Elias, o irmão do Albino, o Cláudio, um grupo grande, o Tijolo, o Candeia. Tinha um grupo, mais pessoas que ficavam muito preocupadas com essa coisa, com a mudança que estava ocorrendo nas escolas e achando que isso atendia a outros interesses que não a história das escolas, as coisas mais importantes da escola. E esse grupo, de alguma maneira, lembro que, quando foi presidente da ala de compositores, ele promovia concursos de samba de terreiro, já naquela de, pressentindo que esse negócio de samba-terreiro estava ficando cada vez mais difícil, que tudo era o samba-enredo. O samba-enredo já ocupando tudo. E a escola fez alguns. Ele tinha essa iniciativa, até o momento que ele achou e isso foi uma ideia dele. Achou que já não cabia mais, a gente já não encontrava mais espaço, o sambista já não encontrava mais espaço dentro da escola pra fazer aquilo que eles gostavam de fazer. Se reunir pra cantar seus sambas sem interferência de ninguém, que era uma coisa que ele deve ter vivido muito. Eu peguei um pouquinho disso, mas ele deve ter vivido antes, mais. Ele era cria da Portela mesmo, como o pai dele, Seu Candeia. Ele era o Candeia Filho. E ele fez, criou, partiu dele a ideia de criar o Quilombo. O que era o Quilombo? A gente precisava de um lugar onde a gente pudesse reunir, sem esse compromisso que essas escolas estavam assumindo. Que é uma coisa que não nos dá tempo de curtir aquilo que a gente gosta de curtir e tudo, só esse lado comercial estava crescendo muito. Usava-se muito esse termo, "gigantismo". O gigantismo das escolas. E eu me lembro que nessa época muitos fizeram depoimentos sobre isso, sobre essa mudança, essa coisa que estava mudando muito rapidamente. E aí foi criado o Quilombo, que era um clube que estava meio desativado e ele conseguiu que o clube fosse cedido pra algumas reuniões. Eu me lembro que algumas reuniões foram feitas lá. E isso foi juntando gente, foi juntando gente e aquilo que era apenas, no começo, a ideia era você se reunir para poder fazer o que você não podia mais fazer nas escolas, sem compromisso, fazer nossas festas. Isso foi ganhando uma outra dimensão, um outro corpo. Outras pessoas começaram a chegar com outras ideias e o Quilombo está lá até hoje em Acari. Me lembro que a gente fez vários desfiles sem compromisso com desfile de escola de samba, nem nada. isso tudo foi registrado, mas depois do falecimento dele ficou, porque ele era uma pessoa... não é que ele centralizasse, ele naturalmente tinha essa coisa de liderança. Ele era uma liderança natural. Então todos nós, todo mundo, se reportava ao Candeia quando se falava em termos de escola de samba ou então, em termos de Quilombo. Ele teve muitos amigos que ajudaram. Infelizmente, o problema que ele tinha acabou provocando a morte dele.

Então o Candeia era essa pessoa que agregava, sabe, onde em torno dele muita coisa acontecia, as pessoas sempre se reportavam a ele. Quando tinha que falar alguma coisa ligada a partido alto, a samba, a roda de samba, mesmo a história de samba, a história do negro no samba e por aí.

Como surgiu a ideia de gravar esse disco, que é um trabalho conceitual, confessional?
Na verdade nesse disco tem várias coisas. Quando gravei esse disco, é evidente que há todo um momento de tensão e de indefinição mesmo, em relação até ao que eu ia fazer em termos particulares. Mas ao mesmo tempo isso, de uma certa maneira, já estava superado. É claro, você ouve o disco, ele traz isso, uma coisa mais pesada. Mas eu acho, apesar da beleza que vejo e da capa, dos trabalhos feitos de contracapa. Eu fui consultado sobre essa capa. E até na própria gravadora as pessoas ficaram um pouco chocadas com isso.

Quando gravei esse disco, é evidente que há todo um momento de tensão e de indefinição mesmo. [...] Até na própria gravadora as pessoas ficaram um pouco chocadas com a capa. Pelo simples fato de ter lágrimas... Quem usou esse termo foi, acho, o Luís Carlos Maciel: "isso é uma coisa meio expressionista, meio caboclo. É meio expressionismo caboclo".

Chocadas como?
Pelo simples fato de ter lágrimas... Quem usou esse termo foi, acho, o Luís Carlos Maciel. Que viu e falou assim: "isso é uma coisa meio expressionista, meio caboclo. É meio expressionismo caboclo". Foi ele que usou isso.

É exagero.
Isso, esses olhos juntos. Essa lua, essa luz, essa coisa meio sombria, não é? A própria figura, o desenho é uma coisa muito forte. Essas flores têm uma força. São muito bonitas, mas ao mesmo tempo trazem, apesar dessa gama de cores, uma coisa que denota uma certa... as próprias flores são tristes, têm uma coisa de tristeza nelas, esse punho muito fechado... Tudo isso, de uma certa maneira, chocou alguns produtores, lá. Eles nunca tinham visto uma coisa dessas. Não sei se já teve uma capa assim. Talvez ela tenha iniciado uma coisa em termos de artes gráficas, uma coisa meio pesada, meio sombrio esse azul escuro. Tudo isso na mesma capa. E eu fiz pé firme. Eu disse: "tem que ser essa capa". O Elifas Andreato foi meu consultor. Eu disse, "você concorda?" Ele disse: "pode fazer a capa". Eu gostei muito do trabalho gráfico, o desenho. Eu não estava preocupado se a capa estava sendo uma coisa confessional ou se de uma maneira me expunha... eu não estava preocupado com isso. O que refletia, de uma certa maneira, é que eu estava tranquilo em relação a isso. Eu acredito até que essa capa tenha refletido muito, e talvez o autor da capa. O Elifas Andreato no momento, naquele momento.

Engraçado, você está aqui com lágrimas enormes, mas você, como mostrou no desenho, não parece que está tão triste assim.
Acho que ele tentou isso. E eu acho que ele conseguiu. Penso que

é uma coisa muito triste.

Não, forte, mas não necessariamente melancólica... não sei... Olhando pro futuro...
É um desenho muito forte. Eu acho.

Porque você acabou escolhendo a música do Lupicínio Rodrigues como título do disco?
Não fui eu. Isso foi o pessoal da produção, lá. Eu mesmo produzi os meus discos. Que nós tínhamos produtores, tinha o pessoal que fazia, assim como fazia a capa, como foi o caso do Elifas. Tinha o outro pessoal que ia escrever textos. Mas não fui eu que dei o nome de *Nervos de aço*, isso foi escolha lá do pessoal da produção, dos diretores. Eu nem cogitei de dar nome, nem nada.

Não se preocupou?
Na época eu não tinha essa preocupação. Mesmo o disco que antecedeu esse, chamado *Dança da solidão*. Quando foi lançada a música "Dança da Solidão", de 1972. É até onde a cor preta está mais usada, que dá uma ideia de uma coisa mais sombria. Também nesse nome eu não estava envolvido. Como os dois discos anteriores eram *Paulinho da Viola*, não tinha título de nada, de uma determinada música. Então nesse aconteceu a mesma coisa.

A gente vai falar das músicas, mas o que você acha nesse disco... Você já era um artista com a carreira consolidada. Até você chegar aqui, você já era um sambista, um compositor consolidado, não era?
Sim, era uma pessoa já conhecida, por causa do samba "Foi um rio que passou em minha vida", foi um sucesso nacional naquela época. Três anos antes, foi um sucesso.

A sua carreira estava bem até aqui, não estava?
Estava, mas é engraçado, eu tinha uma coisa que eu custei muito... toda essa fase, não só minha. Quando você fala assim, "a carreira consolidada". Na verdade, nessa época muitos de nós artistas dessa geração, alguns compositores, cantores, enfrentávamos um problema comum, um problema do Brasil. A precariedade de certas coisas. Os agentes eram poucos, o som. Eu me lembro nessa época de tocar em vários lugares onde tinha que tocar e cantar com o microfone assim, eu tenho várias fotos. Não é do que a gente dispõe hoje. Me lembro que, às vezes, tinha um cara que tinha um som, e o que ele tinha eram alguns microfones soltos e duas caixas. Eu não estou lembrando o nome, a marca agora, mas aquilo era disputado a tapa. E às vezes, ele estava tão ocupado, que não tinha. Aí você ia tocar no lugar sem saber o que você ia encontrar. Você encontrava um microfone, encontrava dois. Era um negócio muito ruim e a gente trabalhava nessas condições. Então eu sabia que era um músico, trabalhava e tudo, mas eu ficava muito dividido ainda, entendeu? Lembro que uma vez fiz uma entrevista com um jornalista e intelectual, um escritor de Recife, o Jomar Muniz de Brito. Ele me entrevistando, a gente conversando, falando sobre essas coisas. E lá pelas tantas eu falei: "pois é, Jomar, essa dificuldade toda que a gente encontra, a gente vive lutando". A coisa do direito autoral na época, essa coisa de empresários. As situações que a gente encontrava e não era aquilo que a gente esperava. Isso acontecia com muita frequência a muitos de nós. A gente falando sobre o momento brasileiro, a cultura da gente, uma coisa tão rica. Aí eu usei esse termo, a cultura nossa é a cultura do precário. O que eu chamo de cultura do precário é o seguinte: a gente faz as coisas nas condições mais difíceis. De locomoção, de tudo — e isso já havia essa reclamação dos que vieram antes, já falando e a gente enfrentava

isso. Então eu era um pouco dividido, às vezes, com essa ideia. Eu me lembro, por exemplo, desde que eu comecei mesmo nos festivais até 1970. Antes dos festivais eu participei do *Rosa de Ouro*, com a Clementina de Jesus e tudo. Mas nesse período eu tinha dúvida sobre essa coisa do que era ser um profissional de música. Eu nem pensava muito nisso. Ouvia, por exemplo, meu pai, um músico, que trabalhou com muitos cantores e músicos, tocou em regional de rádio e tudo. Tocava em tudo quanto é canto. Ele nunca falou: "eu sou um profissional". Já havia alguns profissionais de música, muitos né, mas o meu pai trabalhava em outro lugar. O Jacob do Bandolim, acho que não se considerava um profissional da música, ele era um amante, um amador. Ele dizia: não, "eu sou profissional, eu trabalho na Justiça, entendeu? Eu sou funcionário da Justiça". Essa coisa ficou em mim durante muito tempo. Essa coisa do universo do samba. Essa coisa do samba dos "Quatorze anos": "Tinha eu quatorze anos quando meu pai me chamou..." perguntando se eu não queria fazer outra coisa. Cuidado com essa coisa de ser sambista, de tocar violão. Essas coisas todas que ele ouvia e que eu sei o que ele passou com isso e tudo. Então eu ficava assim, "mas será que é isso mesmo? Será que esse negócio vai dar certo?" Eu levei um tempo muito grande até. Aí já tinha um grupo, com quem tocava, mas sabemos o que que a gente enfrentava nessa fase e outros também. Então quando você fala assim, a "carreira já estava consolidada?" eu fico um pouco, assim, não sei. Eu ainda não tinha certeza se essa coisa ia seguir mesmo. Eu também não sabia o que que eu ia fazer se eu não fosse músico. Aí depois, não, alguns anos depois as condições já eram outras...

Nervos de aço

Essa é uma música emblemática.
Essa música é do Lupicínio Rodrigues. Aí é que está: tem esse título "Nervos de aço", e não fui eu que botei esse título no disco, foi provavelmente o pessoal da produção, o diretor de produção, o Milton Miranda, eles devem ter pensando assim: "vamos colocar esse título, que essa música é a que tem mais chances". Não esquecendo que nessa época eram muitos discos. Que tinham suplementos desse mês, do outro mês, era assim. Eram muitos artistas, ele tinha que trabalhar com muita gente. Então eu imagino que escolheram essa música por ser que teria mais possibilidades.

O primeiro *single*, como a gente fala.
Essa música acho que foi escolhida porque já era conhecida. Já era uma música com muitas gravações, muitas regravações e ela na época fez um sucesso nesse disco. Foi muito executada. E eu gravei aquilo que ouvia todo mundo cantando. Quer dizer, os amigos do meu pai na casa dele. Aprendi essa música assim, por meio de outros cantores e aquilo foi ficando. E era uma música tão popular, tão conhecida, que eu achava que eu estava cantando certo. É engraçado, eu já não me lembro mais. Como eu não ouvi mais o disco, como foi feito aí. Que não era a forma como o autor fez, que são detalhes importantes. "... Você sabe o que é ter um amor, meu senhor, ter loucura por uma mulher. E depois encontrar esse amor, meu senhor, ao lado de um tipo qualquer..." Eu acho que eu cantei: "ao lado de um outro qualquer". "...Você sabe o que é ter um amor meu senhor, e por ele quase morrer... E depois encontrá-lo em um braço, que nem um pedaço do meu, pode ser..." Não foi assim, eu sei que é assim, mas não foi. Então,

um dia eu fui fazer um show em Porto Alegre e me apresentaram a algumas pessoas de lá. E tinha um senhor, eles me apresentaram: "esse aqui foi um parceiro, amigo do Lupicínio. Foi um cantor também, compositor e tudo, era da noite aqui de Porto Alegre". A gente ficou conversando e lá pelas tantas ele falou assim, a gente já tinha bastante intimidade para ele me chamar atenção e dizer: "aquela música do Lupicínio que você cantou, aquilo tem umas coisinhas, é um pouquinho diferente". Comentou que às vezes o Lupicínio reclamava disso. Ele contou até um caso... Disse que quando gravavam uma música do Lupicínio foi aqui no Rio de Janeiro, e ele lá em Porto Alegre. Às vezes, o Lupicínio dizia assim: "gravaram uma música minha lá no Rio, vamos aprender!" E me falou isso. É como se tivesse acontecido outras vezes. Aí quando me mostrou eu falei: "mas era assim". Ele: "não, assim". Falei: "mas então gravei tudo errado". "Não, não tem uns detalhes." E ele me ensinou. Eu no dia em que fui fazer um show contei essa história e cantei a música; eu sabia que muita gente que conheceu o Lupicínio e aqueles mais jovens que não o conheceram poderiam até estar imaginando que essa música era como eu gravei. Eu contei essa história assumindo essa falta de cuidado de ouvir o autor. Depois eu fui ver outros cantores e muitos também gravaram a música de maneira diferente. E não deve ser assim...

Roendo as unhas

Conta pra gente como é que você compôs e você gravou "Roendo as unhas".

Eu não sei muito bem. Isso foi uma ideia. Provavelmente mexendo, porque essas coisas surgem assim. Agora, o que me levou a fazer uma música que só tem quatro acordes, não sei explicar. As ideias surgem às vezes quando você faz uma pequena cadência, você faz uma frase, parece um acorde, logo a seguir o outro... Isso às vezes é o começo, é uma coisa que estimula e é uma coisa que faz com que você pare e de repente sinta alguma coisa que pode surgir dali. Eu acho que as coisas acontecem um pouco assim. Nesse negócio de composição comigo, já aconteceu cada coisa. Eu não sei porque esse samba ficou assim. Na época houve essa preocupação da gente trazer uma ideia diferente. Nesse mesmo disco tem um samba chamado "Comprimido". Depois eu queria que você botasse um trechinho. Levei aquilo escrito assim, a introdução, como uma vez, alguns anos antes, que eu queria fazer uma homenagem ao Nelson Cavaquinho. E aí fiz um samba dedicado ao Nelson Cavaquinho chamado "Sol e pedra". Em vez de fazer essa coisa que eu mostrei aqui, que o Mano Décio fazia, que eu não ia fazer direito, o que eu fiz? Peguei um cavaquinho de oito cordas, quatro cordas dobradas, e usei os dedos. E aí, não sei, ouvia muitas coisas, ouvia outros compositores. Ouvia, por incrível que pareça, ouvia jazz. Foi um período. Além de ouvir os grandes músicos que eu sempre amei, pessoal do choro e de estar fazendo choro, eu ouvia jazz. Foi um período que eu ia muito à casa do Luís Carlos Maciel. A gente se encontrava muito e ele ouvia muito jazz, muita coisa, Duke Ellington, Miles Davis. Eu ficava ouvindo também lá com ele. Gostava quando ele falava, ele era um apaixonado pelo Duke Ellington. Ele sabia tudo. O B.B.

King foi ele quem me mostrou. Eu não esqueci a noite que a gente estava ouvindo e ele ria muito e contava de uma apresentação do B.B. King numa penitenciária. Aí o diretor era vaiado e a gente ria. E isso eu não esqueci. Eu não sei, eu acho que eu ouvia muita coisa e alguma coisa pode ter surgido por uma influência pequena disso, porque eu sempre fui um sambista, essencialmente um sambista e um cara de choro, também. Agora, eu não sei como é que é essa coisa, fiquei querendo achar os acordes, mas não estava lembrando. Uma coisa só com três notas cada. Um pequeno arpejo, uma coisa arpejada que fica num contínuo... E isso foi o motivo pra que já começasse a parecer que fazia com isso e tudo. Pronto, quando eu mostrei isso assim, eu me lembro que ficou "mas eu entro onde?" Eu falei: "você entra aqui". Aí ele falou: "mas não vai dar certo". Eu falei: "vai". Aí ficou aquela discussão.

Com quem?
O baterista, o Juquinha. Ele achava que aquilo não ia dar certo. E mesmo depois de tocar e gravar, e tudo. Por exemplo, o Nelsinho Trombone, que era o diretor musical. De vez em quando ela aparecia pra ver como estava indo a gravação, era uma das funções dele, fazer arranjo. E às vezes ele aparecia e a gente gravava de madrugada. Enquanto quisesse gravar, podia gravar. Se quisesse ficar até de manhã. Eu me lembro que várias vezes nós amanhecemos assim. O dia estava claro, ah, vamos embora, vamos embora. E o técnico ia também, voltávamos no outro dia. E eu me lembro que a gente já estava fazendo a base. O próprio samba tem uma coisa meio pesada, meio de uma certa melancolia nessa frase. Pra entrar num clima desse e fazer aquela coisa bem marcada, que tinha um percussionista que fazia uma coisa assim, que eu não tô lembrando agora. E aí o Nelsinho não estava na gravação. Ele foi ouvir e falou: "ué, que música é essa?"

Eu falei: "isso aí é um samba". Ele falou: "um samba?" Eu falei: "é". Ele falou: "mas que coisa estranha, diferente. Ah, eu quero entrar nessa música!" Ele não tinha nada a ver. Aí ele foi lá pegou o trombone, entendeu? Trouxe o trombone, "o que que eu posso tocar"? Eu falei: "tem uma linha de baixo aqui, faz alguma coisa, ouve aí". Porque eles acharam tão estranho aquilo. Aí faz o trombone, tudo assim só com o clima da música. O "Roendo as unhas" foi assim. E depois é que a gente percebeu que era uma coisa como foi o "Sinal fechado", uma coisa diferente do meu trabalho. Que era mais uma ideia e um momento diferente. E é engraçado que às vezes as pessoas me perguntavam assim: "você não fez mais nada nessa linha?" Eu falei: "não, eu tenho essa coisa maior minha". De vez em quando aparecem essas coisas assim, uma ideia que eu desenvolvo como ideia, mas não tem nada de tão ousado, assim. Apesar de que nós já fizemos uma gravação que era um pouco mais ousada. Uma vez fiz uma coisa que o pessoal não falou nada, mas eu sei que eles ficaram assim... E eu fiquei meio sem graça, mas falei. Aí eu expliquei depois. É um samba de um disco que eu produzi da Velha Guarda da Portela, chamado "A maldade não tem fim", do Seu Armando Santos, que era uma doçura de pessoa, uma grande figura humana, compositor, foi também da direção da escola. Ele era uma pessoa muito recatada. Quando fizemos o disco *Portela passado de glória* em 1970, foi a Velha Guarda que se apresentou tocando, cantando. Tinha alguns convidados como o próprio Nelsinho pra fazer uma introdução. Tinha o Sérgio Barroso, baixista, e tinha papai no violão, também. Precisava de um suportezinho pra fazer uma coisa, porque a gente tinha pouco tempo de gravação. Um estúdio de quatro canais lá na Central do Brasil. E nós fizemos aquele trabalho, eu fazendo a direção, ensaiando com a turma, selecionando os sambas. Seu Armando estava ali e tudo, e esse samba foi gravado na Velha Guarda. Aí em 1981, acho que foi em 82, 83, fiz um disco e resolvi incluir esse samba. Eu pensei, "mas esse samba é tão forte, que eu acho que eu vou fazer uma coisa que para muitos pode soar como uma coisa gratuita e, também, pode soar como algo que eu não deveria, uma violação". Mas eu sei que não é isso, porque esse samba, a gravação que foi feita pela Velha Guarda já é definitiva. Aquilo ali não dá pra fazer o que eles fizeram, não dá pra ir atrás daquilo, porque não é legal. Esse samba é aquilo que a Velha Guarda, o que ela representa, e é muito mais. Como o "Carinhoso", eu me lembro que conversei isso com a turma, que tem choros do Pixinguinha, por exemplo, que você não pode trocar um acorde. Se você quiser fazer uma leitura especial de determinados shows do Pixinguinha, você não consegue. Você vai fazer, mas nunca vai ser como ele escreveu. E pra alguns pode soar como uma coisa interessante. Uma música, por exemplo, como "Carinhoso", eu já ouvi de tudo quanto é jeito que você possa imaginar. Essa música foi feita em 1917. Atravessou o século. Eu já vi com banda sinfônica, com orquestra sinfônica, com trio, com grupo de choro, com flauta e cavaquinho, com tudo o que você possa imaginar. Com leituras, assim, com acordes alterados. E a música tem uma força tão grande, que ela está acima, ela consegue. E quando você chega e: "... meu coração, não sei por quê..." Aí todo mundo sai cantando em qualquer botequim da vida. Pois bem, aí eu falei: esse samba tem uma coisa assim. E eu gravei, sabe como? Com um sintetizador. Voz e um piano, também, que fazia umas frases. Então essas ousadias também a gente fez algumas vezes. Mas basicamente esse disco tem um pouco isso em algumas músicas, mas não tem todas, né? as outras são mais do jeito como eu vinha fazendo o trabalho...

Essa faixa realmente chama atenção não só pra mim, mas outras pessoas que eu conversei, como o Tárik, que ajuda a fazer a pauta. O fato de você ter feito essa sequência de acordes criou uma atmosfera diferente, que parece que foge um pouco do teu universo, vai pra outra área...

Eu me diverti um pouco, assim, de ver a turma. O pessoal fica olhando: "esse cara tá ficando maluco! E não fala nada."

Comprimido

Pois é, o "Comprimido". Essa ideia de estar comprimido e o comprimidozinho que o sujeito toma e morre. Ele comete suicídio. E é engraçado, porque é uma pequena crônica de uma relação malsucedida que resulta numa tragédia. O sujeito, ele vive, não fala, não come, não reage. E a companheira dele fica sem saber o que fazer. Tem a briga, aí entra o delegado, e o delegado diz "olha, nessas coisas eu não posso me meter". Mas ela deixou a marca dos dentes no braço. Está vendo? ele me bateu, não sei o quê, né, aquelas coisas. E o delegado fica meio sem saber o que fazer, como julgar aquilo. Porque ele não sabe direito o que está acontecendo. Quer dizer, a ideia é um pouco essa coisa tão difícil de saber. Também entra um pouco, não tem nada a ver com agressão sofrida pelas mulheres pelos homens violentos, não. Aí a ideia é que eles brigam e na briga ela dá uma dentada e ele diz "olha, está vendo? ela me mordeu!" É uma briga comum dos casais, de uma certa maneira violenta. É uma crônica um pouco disso. Eu fui incluindo coisas, como esse personagem do delegado. A ideia que também encerra o samba é porque tinha um samba do Chico Buarque, "Cotidiano", que fazia muito sucesso "... todo dia ela faz tudo sempre igual..." é um pouco, também,

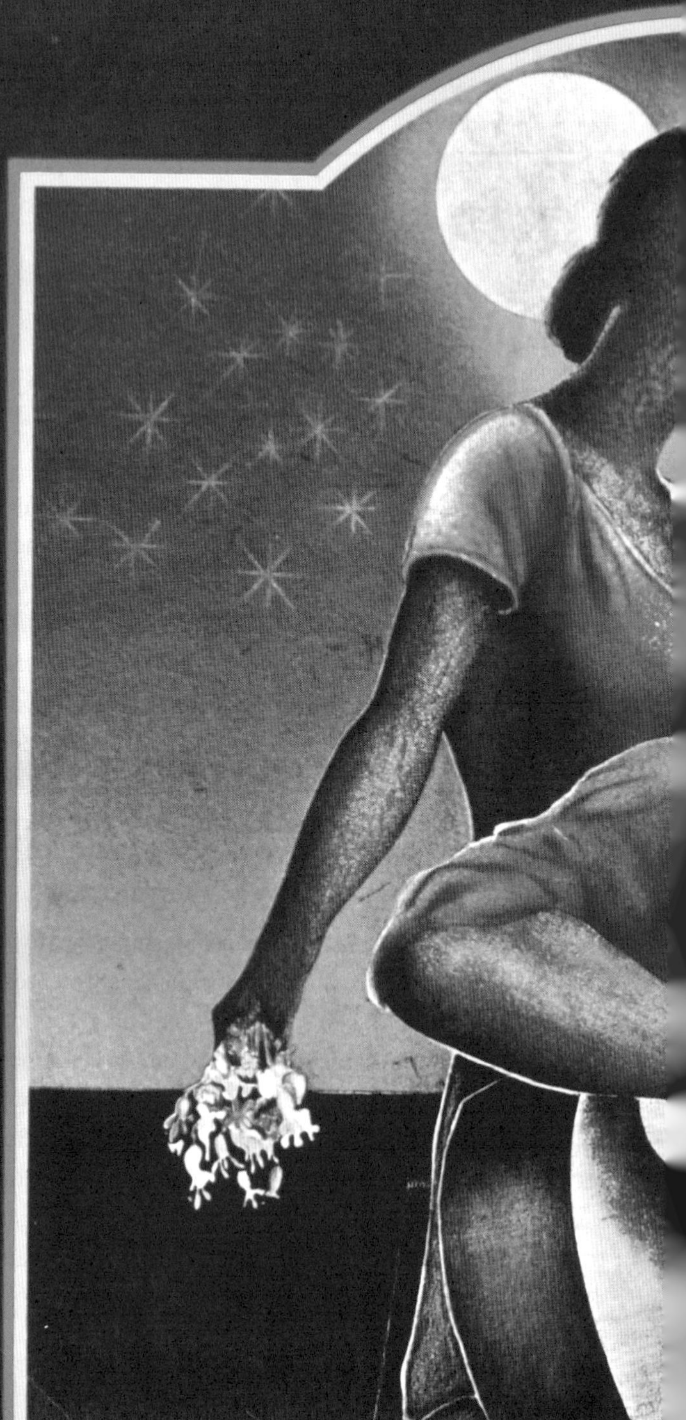

NERVOS DE AÇO
PAULINHO DA VIOLA

uma referência a este samba. Explícita a este samba quando ela não compreende o que está acontecendo com ele, e depois da morte dele, ela fala pra autoridade, "Pois é, só tinha uma coisa estranha. Ele ouvia sem parar um samba do Chico". Que era esse samba falando das coisas do dia a dia. A ideia do samba é esse, é do sujeito comprimido numa situação que ele não consegue resolver o problema dele familiar, o drama dele familiar. A companheira não compreende, não consegue, de uma certa maneira resgatá-lo e tudo, brigam muito e ele acaba tomando um comprimido e morre. Ele comete sucídio numa hora de desespero, talvez de profunda depressão, uma coisa assim. A ideia do samba é um pouco assim. Nessa época eu fazia muito uns sambas que eram pequenas crônicas assim, também.

Isso é marcante na sua obra.

É, também. Como um enterro, um velório que eu vi. Tinha um samba também chamado "O velório do Heitor". Tem morbidez em alguns momentos, mas tem a coisa do humor, também.

Sonho de um carnaval

Aí existe muito do Lindolpho Gaya, do maestro Gaya. Que teve também um trabalho na bossa nova muito importante. É um músico de cultura, de uma sensibilidade muito grande. O primeiro disco que eu fiz assim, cantor, solista, foi um disco que tinha orquestra, muita orquestra. Era o Nelsinho dividindo orquestra com o Gaya. E no final ficou um disco que o pessoal da produção... Os editores lançaram o disco, depois ficaram assim: "Paulinho, a gente acha que o teu jeito de cantar, que é uma coisa mais comedida, você não tem aquele vozeirão, nem nada. Isso com orquestra fica um pouco pesado. Eles acharam que ficou um pouco pesado. A gente podia fazer uma experiência diferente no próximo disco". E na época eu não tinha essa consciência. Foi a partir do segundo disco, onde tem o samba "Foi um rio que passou em minha vida". Isso foi 1969 para 1970. Esse disco você repara que é totalmente diferente do primeiro. O primeiro todo com orquestra, só tinha uma música que era voz e violão. O segundo já é totalmente diferente, a orquestra, ela entra ou não, depois. E aí o Gaya foi uma pessoa muito importante, porque eu não tinha essa consciência, ele falou: "Paulinho, é o seguinte, a gente tem que tirar. A gente tem que fazer o essencial, ainda mais com relação a você que tem essa voz, assim, não é um vozeirão, não canta com muito vibrato, nem nada". Então, era legal a gente fazer um trabalho levando isso em consideração. Eu me lembro que tem uma canção... eu já até falei em público, também, posso falar de novo. Na época desse primeiro disco era uma canção, não tem nada a ver com esse. Eu fiz essa canção, e na época eu falei assim: "eu vou mostrar essa música, vou dar um jeito de mostrar essa música pro Roberto Carlos". Nunca mostrei, nem nunca tive essa ousadia de mostrar... Depois gravei a música e era uma toada ("Não quero você assim"). Não tem nada a ver com esse disco, mas só pra ter uma ideia. E tinha uma mensagem, a ideia da mensagem era essa. "Olhar vazio, nenhum sinal de emoção. Não quero você assim, eu sei que não existe mais aquilo que você guardava. A mesma palavra, querendo explicar em mim, a eternidade em mim, não quero você assim." Era uma mensagem que a vida, as coisas, elas têm, elas mudam e eu não quero que você chore, eu quero que você perceba que a solidão é o início de tudo e não é o fim. A ideia da música era assim. E era uma toada. Você sabe o que que o Gaya fez? Ele me deixou tocar o tempo todo. Ele me deixou tocar o violão o tempo todo. Aí ele falou: "está ótimo!" Eu falei:

"mas e aí?" Ele falou: "não, tá ótimo!. Sabe o que que ele fez? Ele pegou a orquestra e colocou no fim. Ele pegou a orquestra na cadência final da toada, vai pro final e ele entra com o violinozinho e a orquestra. Tem música em que ele botou um sininho. Tem essa, como o "Comprimido", onde o arranjo fui eu que fiz, entendeu? Depois ele chegou e fez a regência. Ele estava fazendo a regência. Fiz um arranjinho, levei. Achei que eu ia chegar lá, ele: "não, não mexe, não vamos mexer nisso". Aí depois ele teve uma ideia, botou lá uma frasezinha. Então, o trabalho era muito assim. O que tinha ali? Isso é um pouco uma mistura de toda a minha vivência do lado do samba, do choro com músicos que já vinham de uma outra corrente, também. Se você ouvir esse samba, que é de um compositor que é o Chico Buarque, o samba já era sucesso, você vê que é forte a influência da bossa nova nessa música. Mas não é uma Bossa Nova. Já é uma coisa híbrida.

Choro negro

O "Choro negro" foi feito na Alemanha, em 1972. Esse disco é de 1973. Foi uma viagem que fizemos e ficamos um mês fora. Maria Bethânia com Terra Trio, Jorginho Arena, Pedro Sorongo, eu e Sebastião Tapajós. Foi feito um espetáculo sobre música brasileira e viajamos por algumas cidades da Alemanha e Itália. E foi um sucesso, a gente se divertiu muito. Eu andava muito com o Fernando Costa, que era o meu parceiro, ele era o baixista do Terra Trio, apesar de ser um músico que tocava muito bem piano e violão. Tocava, conhecia os instrumentos e tinha ouvido absoluto. E nós ficávamos assim conversando, pegava o violão, eu queria fazer alguma coisa mais de choro e tudo. Aí fizemos esse choro. Eu me lembro que fiz mais dois choros. Tem um que eu não me lembro mais, chamava-se "12 de Novembro". Aí eu tocava no cavaquinho, ele acompanhava no violão. Que 12 de novembro é meu aniversário. E teve um outro, também, que depois eu acabei. E a gente ficava assim, "Choro negro" foi feito assim. Talvez uma certa nostalgia, que é uma coisa que a gente sente muito, aquele banzo quando ficava um tempo fora. Ainda mais numa região assim, lugares frios, apesar de não ser inverno ainda. A gente ficava muito sozinho. Talvez isso tenha propiciado essa coisa, esse sentimento de uma certa saudade do Brasil, das coisas daqui, estar longe. E ele ficou assim, uma melodia que eu gosto muito e tudo, é muito bonito, mas é um choro triste, não é?

Não quero mais amar a ninguém

Sabe o que é isso? Isso é um cravo. Sabe quem tá tocando? Don Salvador. Isso é um cravo que tinha lá, encostado na Odeon. Gaya, as cordas do Gaya, Juquinha, bateria... Pois é, esse samba, Carlos Cachaça e Cartola, né? Esse samba já tinha sido gravado e tudo, é uma maravilha. Esse samba tem alguns versos maravilhosos. Um deles é um verso que o Sérgio Porto achava que era um dos mais bonitos da música brasileira. "...Semente de amor sei que sou desde nascença..." É lindo, né? "...mas sem ter vida e fulgor eis minha sentença..." Agora tem um verso, na outra estrofe, que seria equivalente a esse "semente de amor sei que sou desde nascença", que começa uma estrofe, uma parte. E depois tem um outro verso que eu acho... Você falando assim pode parecer uma banalidade, uma bobagem, uma coisa tão sem importância, mas ele pra mim tem uma força que eu não sei explicar qual é. O que ele me diz eu não posso traduzir, entendeu? mas é um verso que eu acho tão bonito, isso com a própria melodia, que ele começa assim: "semente de amor sei que sou desde nascença". Esse outro diz: "às vezes dou gargalhada ao lembrar do passado". Eu acho isso tão... Se você souber o que significa isso pra mim! Quando a gente fala de passado, essa relação que a gente tem com o passado. Ali, no caso, é uma coisa em que ele está falando pra uma outra pessoa; "nunca pensei em amor, nunca amei nem fui amado. Se julgas que estou mentindo, jurar sou capaz. Foi simples sonho que passou e nada mais". Isso pra mim tem uma outra dimensão, entendeu? mas é uma coisa que eu sinto que é só pra mim mesmo. Eu gosto demais desse samba. É um verso que eu gostaria de ter feito: "às vezes dou gargalhada ao lembrar do passado".

Na verdade tem mais uma pessoa que a gente não mencionou aqui. Zé da Zilda, parceiro também.
Também, era conhecido como Zé com Fome, da Mangueira. Eu não o conheci, mas brinquei o carnaval com música dele.

Sentimentos

Esse samba tocou muito, fez sucesso. Era muito tocado e tudo. O Miginha, uma figura, esse samba eu aprendi não foi através dele, foi através dos irmãos dele, que eram o Manacéa e o Aniceto. Eles gravaram naquele primeiro disco da Velha Guarda, *Portela passado de glória*. Porque o Miginha era também uma pessoa muito reservada. Eu conheci o Miginha depois de ter gravado o disco da Velha

Guarda, num ensaio da Portela, que eu não sei mais se foi antes ou depois dessa gravação. Mas eu não aprendi esse samba com ele, eu aprendi com o Aniceto e com o Manacéa e até hoje eles nunca me falaram nada. Eu tenho a impressão de que eles cantaram o samba, mas não com harmonia, acompanhado de cavaquinho ou de violão. Eu fiz uma harmonia, eu harmonizei. E eu não tenho certeza se era isso mesmo que estava na cabeça do Miginha ou deles. Eles não falaram nada. Eu fiquei com essa dúvida. Eles nunca me falaram nada! Eu perguntei: "vem cá, o samba é assim?" "Não, é assim mesmo e tudo..." Porque o Miginha tinha sambas maravilhosos, mas ele tinha dificuldade de cantar. Então ele passava os sambas para os irmãos e eles cantavam. Ou então o Monarco. Porque ele teve muito samba de sucesso na Portela também.

Outras pessoas transmitiam a composição dele. Ele mesmo não apresentava.

"...Pensar em ti pra quê? chega de padecer... prefiro esquecer de vez... eu já não posso mais sofrer..." Isso é um samba dele de sucesso. A Portela inteira sabe esse samba.

Não leve a mal

Só queria perguntar uma coisa dessa gravação. Essa batida que a gente ouve aqui do lado direito no estéreo é um pouco samba de terreiro, não é?

É, porque aí está uma turma que é turma de samba mesmo, também, que eram ritmistas muito ligados, eram contratados, também, como o Marçal. Gravei muito com o Marçal, ele como músico contratado da Odeon. Luna, Eliseo, Félix, não é? Tinham outros também, às vezes, que eu não tô lembrando assim o nome, mas principalmente esse trio estava sempre lá. Muitos pertenciam à gravadora e às vezes, outros convidados, também. Era uma rapaziada que, em termos de samba, tocava qualquer coisa, cuíca, pandeiro...

Aqui se chama tumbadora, conga, é o mesmo instrumento. Tumbadora essencialmente africana.
Conga eu não me lembro. Pode ter sido o Luna, mas pode ter sido um outro músico também, e um outro ritmista também, que todos eles tocavam esses instrumentos.

Aí tem cravo, também.
Essa história é engraçada, porque um ano antes, acho que em 1972, 73, eu fiz esse samba, porque nós vivemos uma situação inusitada na avenida. Era um desfile ainda na avenida Presidente Vargas. E aconteceu que a bateria estava tão grande, tão grande, que ela não deu no box e tinha dois ritmos. E o diretor de bateria, que era o Cinco, nunca esqueço, era pequenininho. Ele não tinha apito, nem nada, ele usava era a batuta dele. Ele não sabia o que fazer, porque a bateria era tão grande!
Ela ficou uma parte fora do box que havia e isso criou dois andamentos diferentes dentro da bateria. O diretor de bateria, o Waldir, entrou em pânico, porque aconteceu uma coisa que ninguém esperava. Na hora H apareceram mais ritmistas do que o previsto. Isso agora não acontece, mas naquele tempo o pessoal dizia: "ah, sai na bateria". Às vezes tinha gente que entrava sem ter ensaiado nem nada. Mas isso não quer dizer nada, o problema é que a bateria estava tão grande, tão grande, que ficava difícil você conseguir uma unidade. Eu entrei em pânico, porque ajudava muito na harmonia, também. Eu fiquei louco! A gente não conseguiu achar um apito. Porque se tivesse um apito, você

podia fazer uma marcação com o apito, criava um andamento e todo mundo ia por aquele apito. E foi assim, quando saiu do box, já saiu melhorzinha, mas ali no box! Eu me lembro de um ritmista. Até hoje ele está ligado ao pessoal da Velha Guarda. Ele era do surdo, muito jovem naquela época. Ele batia e a gente tentava criar com os braços uma ideia de andamento... mas a bateria era muito grande. E ele estava na frente, ele batia e as lágrimas desciam, porque ele estava desesperado! Ele chorava. Eu imaginava como é que ele não estava. E aquilo estava difícil de segurar. Sabe que a escola foi assim, desfilou eu não sei como e foi lá. Eu não sei se a bateria perdeu ponto ou não. A Portela não ganhou! Mas foi terrível. Aí eu fiz esse samba. E gravei, quer dizer, eu nem cantei esse samba na escola, eu apenas gravei...

Nega Luzia

"Nega Luzia", composição de Wilson Batista e Jorge de Castro.
Eu conheci Jorge de Castro, o Wilson, não. O Wilson morreu acho que no final dos anos 1960. Eu não o conheci. Mas o Jorge de Castro eu conheci. Ele uma vez me parou e: eu sou o Jorge de Castro, o parceiro do Wilson, que você gravou "Nega Luzia". Esse samba é maravilhoso. Esse samba é uma delícia. Me lembro de Cyro Monteiro cantando esse samba, que é uma maravilha. Essa história dessa figura rebelde que a gente conheceu tantas como a Nega Luzia que recebe o Nero e bota fogo no morro! É uma delícia isso! Wilson é um dos grandes sambistas, grandes compositores nossos. Eu gravei outras coisas do Wilson e o Erasmo, o falecido Erasmo Silva. Ele era, quando eu cheguei na gravadora, a primeira gravadora ele era já arregimentador. Mas

Eu acho que em todas as faixas a gente percebe que existe uma preocupação: fazer um trabalho que fosse despojado de uma coisa mais pesada, de muito instrumental, de muita percussão. Ele tem uma leveza exatamente por isso. É um disco um pouco triste, mas acho que ele tem elementos que a gente procurava, tentando trazer alguma coisa de diferente.

ele foi cantor e fez dupla com Wilson Batista e contava muitas histórias do Wilson.

Cidade submersa

Essa também tá no clima do disco. Essa é uma sequência daquela. Isso é como a gente fazia. Chegava com tudo escrito, a melodia, uma cifra e uma introdução, um contracanto; olha gente, o negócio é esse aqui. Aí a turma ia fazendo, ia acrescentando coisas. Era assim que a gente fazia. Às vezes entrava depois o Gaya, "ah, também tô nessa". Botava uns acordes. É um samba-canção, não é? Acho que é Cristóvão. E o Copinha! Copinha é maravilhoso! Eu às vezes ouço. Eu cantava muito diferente do que canto agora. Cantava com mais vibrato. Eu cantei essa música, já há muito tempo não canto essa música;as eu gosto dela. Um tipo de samba-canção, assim, muitos compositores também fizeram isso antes, essa coisa mais do samba-canção com uma harmonia um pouquinho mais elaborada. Um pouquinho mais sofisticada, não tem nada demais. Eu gosto muito dessa letra, também. Essa imagem do "...ergo minha negra bandeira, como um pirata perdido... minha negra bandeira e me sento..." Eu gosto dessa ideia também, assim. "... não quero saber de nada..." Aquela coisa no final. Como uma coisa assim, não há nada a fazer. Quando a gente perde, perde. Quando a gente ganha fica alegre. É assim.

Para a gente finalizar com chave de ouro, situe o disco *Nervos de aço* na sua obra, por favor.

Eu acho que ele não rompe totalmente, mas ele traz algumas... Eu acho que em todas as faixas a gente percebe que existe uma preocupação. A gente conversava muito isso. Primeiro, fazer um trabalho que fosse despojado de uma coisa mais pesada, de muito instrumental, de muita percussão. Tentando valorizar os elementos, a flauta, o piano, um elemento da percussão e tudo. O Gaya, que foi a pessoa que inspirou isso e tudo, ele às vezes entrava com uma corda, uma coisa muito suave. As famosas cordas do maestro Gaya, que eram realmente muito bonitas. E, também, acho que ele é um momento meu, um momento que já estava passando, que passou. Ele tem aquela carga ainda pesada de uma coisa assim, um disco... Mas se você observar, ele não é um disco pesado.

Ele tem uma leveza exatamente por isso. É um disco um pouco triste, mas acho que ele tem elementos que a gente procurava, tentando trazer alguma coisa de diferente. Como não só nos arranjos, mas o uso dos instrumentos. Você vê, de repente tem um cravo fazendo uma introdução de um samba. Tem um outro teclado, também, que na época se usava muito, que está ali. E às vezes, eu não me lembro, acho que não tem. Não sei se tem cavaquinho, não me lembro se tem cavaquinho. Eu ainda não estava tocando... Não, tem o cavaquinho no solo do "Choro negro", não é? Houve um momento em que eu gravava cavaquinho, depois gravava violão. Mas aí eu acho que está mais o violão.

Só aquela faixa.

É verdade. E é um disco que tem essa coisa nova pra mim. Eu estava meio que no início do meu trabalho, ainda. Mas ele trouxe essa coisa nova. Além, no aspecto gráfico, também, ele, eu acho que nunca houve um disco antes assim. Com essa coisa, como disse o Maciel, meio expressionista, meio cabocla. É isso, um disco que marcou muito o meu trabalho. Depois houve o outro já era de uma preocupação, talvez mais ecológica, vamos dizer assim, que é o da folha, o amor à natureza. Mas esse aí foi um disco que eu toquei muito essas músicas na época. A gente viajava muito, tocava muito essas músicas. É um disco que eu gosto, ele tem uma aura, uma atmosfera assim, que eu acho muito legal, muito interessante.

É o disco preferido por muita gente.
Uns gostam mais de um, outros de outro...

...dentro da sua obra é um disco muito importante. Acho que a gente pode colocar dessa forma.
Tem um disco que eu gosto muito que é o *Prisma luminoso* [EMI-Odeon, 1983]. Eu gosto muito do *Memórias chorando* [EMI-Odeon, 1976], também... Tem umas coisas assim. É verdade. O

Monarco

Monarco, conta pra gente: como e quando você conheceu Paulinho da Viola?

Conheci Paulinho quando ele chegou lá na Portela. A primeira vez que eu o vi foi em um domingo. Acho que foi a primeira vez que ele foi lá. Eu não tenho certeza se ele foi antes, mas eu o vi foi um dia de domingo na Portela, de tarde, foi levado pelo Oscar Bigode, que era primo dele. Então eu perguntei ao Oscar quem era aquele garoto. O Oscar falou: "Ah, Monarco, é o Paulo, é meu primo". Não era Paulinho da Viola, não era nada. E ele cantou até uma primeira parte lá e o Casquinha, ele disse: "olha, não tem segunda, quem se interessar aí..." Casquinha com a cabeça fresca, naquela época, novo ainda. Casquinha foi, botou a segunda parte: "leva um recado a quem me deu tanto dissabor..." Primeira música ["Recado"]. Esse ano ficou no terreiro esse samba dele, com o meu, "Passado de Glória", " Portela eu às vezes meditando, eu acabo até chorando..." Foram as duas músicas, eram as mais cantadas nos ensaios. Tinha o samba de terreiro que a gente cantava ali, na comunidade, as pessoas aprendiam. Foi quando eu conheci Paulinho, novinho ainda, com violão. Dali ele ficou na

Portela com a gente. Depois ganhou com aquele samba "Memórias de um sargento de milícias". Um samba enorme, mas foi o mais bonito da época, foi escolhido com justiça. Candeia ainda ficou meio assim, meio aborrecido e tal...

Não gostou...
Candeia ganhava todo ano, não é? Nesse ano o Candeia reclamou. "Bom, pode ser que eu venha a sentir, mas por enquanto eu ainda não senti esse samba". Palavra de Candeia. Natal [da Portela] passava pra lá e pra cá, quando Natal não aguentou, Natal parou aí... Natal sentiu que ele estava reclamando, porque escolheram o samba do Paulinho. Natal era um homem que só tinha um braço e era o todo-poderoso na Portela, na época. Aí Natal chegou, entrou no bar e falou: "você está reclamando, você ganhou várias vezes aqui. O samba do menino era melhor, garoto." Era o Paulinho. Aí o Candeia: "ah, eu não sei, não sei, pode ser que eu venha a sentir, mas até agora não sei o quê". Realmente, Natal tinha razão, o samba do Paulinho mesmo sendo longo, era o que estava mais com a bateria, era o melhor. Candeia ganhou vários anos, nesse ano ele não foi feliz. Então foi assim que eu conheci Paulinho, ele ficou ali com a gente, ainda não era Paulinho da Viola. Sobre o apelido, foi aqui embaixo. Dizem que foi o Zé Keti aí com o Sérgio Cabral. Essa história eu não sei mesmo. Agora, quando ele chegou na Portela eu me lembro bem.

E por que vocês logo de cara receberam Paulinho ali na comunidade? Rapaz novo, como você acabou de falar. O que que aconteceu?
Acho que ele chegou bem. Foi trazido por uma pessoa de grande consideração no nosso meio... tinha talento, aquilo já era o destino dele, ser da Portela. Já veio trazido, acho, pelo destino. Se ele

chegasse lá, sei lá, fosse um fim de comédia, como dizia a Lílian, eu acho que o pessoal não ligava, mas o garoto chegou bem, ficou lá brincando com o violão, cantou a aquela primeira parte, o Casquinha gostou. Então, o talento ajuda tudo, não é? Ele realmente tem talento e chegou bem, chegou com o pé direito. E foi bem recebido, porque a Portela tinha isso de bom, valorizar os garotos que chegassem. Como eu fui bem recebido pelos bambas, a gente tinha que cantar um samba ali, pra mostrar se era ou não. Hoje as coisas são diferentes. Camarada chega lá, tem um conhecimento com o presidente, pega a sinopse, leva pra fazer o samba. Antigamente você tinha que mostrar! Canta um samba aí! Você tinha que cantar. Se não fosse legal: "ah, deixa isso pra lá. Vai aprender, depois tu vem". E acho que o Paulinho veio nesse embalo. Chegou bem, cantou, ficou ali com a gente brincando e tudo. A gente acreditou nele. Ele foi bem trazido pelo Oscar Bigode, que era um diretor de bateria nosso ali, sabia tudo de samba. Aí ele ficou ali com a gente, ficou saindo na Portela e até hoje está lá com a gente.

Vamos explicar um pouquinho mais isso que você falou. A pessoa chegava e tinha que mostrar um samba. Descreve pra gente como é que era a cena. A pessoa chegava, tinha um pessoal que já era da escola, como é que era?
Aquilo era uma espécie de cartão de visitas. Tinha os bambambãs, que eram Alvaiade, Manacéa, o time de compositores que a Portela tinha, Chico Santana. Então eles diziam "esse garoto aí está querendo mostrar um samba, ele é daqui, novo, fez um samba". Eles diziam: "canta aí!" Se fosse boi com abóbora: "Sai, não está com nada". Mas se fosse bom, eles sentiam, né, tinham o faro. "Pô, isso aí tá bom! Olha, tem que aproveitar esse garoto. Esse cantou, vem cá, canta de novo. Viu?" Aquilo já ficou, com-

preendeu? Hoje as coisas acontecem diferente. Não é preciso nada disso. O presidente, às vezes, é primo lá da mulher do camarada. O camarada é irmão de um médico... "ah, eu quero fazer um samba pra Portela". Vai lá! "Olha, o presidente da ala de compositor, eu estou mandando aí, dá a sinopse, já está na ala". Antigamente tinha que passar naquela triagem daqueles bambas, entendeu? E assim aconteceu. O próprio Paulo da Portela, dito pelo Alcides [Dias Lopes]. O Paulo estava com o Heitor [dos Prazeres], eles estavam cantarolando lá, o Alcides entrou e versou, o Paulo: "Olha, Heitor! Tá vendo esse aí? Esse tem pinta de verseiro, hein!" Então, eles tinham faro quando era e quando não era. Foi o que aconteceu com o Paulinho. O Paulinho chegou e chegou bem. Os que estavam lá: "esse garoto, esse passou no vestibular! Esse aí é bom!" Como eu cheguei, também, fui bem recebido quando eu cantei o samba.

Como foi com você, Monarco?
Eu me lembro. No primeiro samba eu não fui feliz, mas no segundo samba, que era "Retumbante vitória", quando cantei, o menino perguntou lá, "ô rapaz: esse samba é teu, Monarco? Pô, agora tu fez um samba, hein! Vamos até lá na Portela?" Ele tinha mais conhecimento do que eu. Aí fomos andando. Chegamos lá, estava o João da Gente, estava o Doce de Leite, que era um malandro que tinha lá, vários sambistas dentro do botequim do Novinho. Quando eu cheguei, aí o Demil falou: "canta o samba!". Eles estavam lá. Aí eu cantei o samba, eles me rodearam, ficaram escutando: "que coisa bonita!" Aí veio chegando o Natal. Natal tinha saído do carro. Ele só tinha um braço. E o João da Gente, que sacaneava muito ele, foram garoto juntos ali: "vem cá, siri sem unha!". Sacaneando ele. "Vem cá escutar!" Natal se acercou de mim e ficou escutando. Eu cantei o samba que reverenciava a

Portela e um trecho de um samba bonito que eu gostava, que era o "Avante", que é o nosso hino. Eu me inspirei naquele do falecido Francisco Santana. Aí cantei o samba, Natal balançou a cabeça, disse: "olha aí, vai lá dentro logo mais cantar no terreiro, vai cantar lá!" Eu: "então está bem". Ordem do seu Natal, né? Fui, cantei, o samba ficou sendo cantado ali...

O passado da Portela

Aí Oswaldo Cruz é onde ela nasceu, onde tem as raízes fincadas, não é? Eu recebi aquela força de Natal, daqueles bambas que estavam ali, foi aí que eu entrei. No mesmo ano Candeia também chegou, naquele mesmo ano, 1952.

Quantos anos você tinha?
Eu tinha... 1952, eu sou de 33, tinha vinte anos, vinte e um por aí, não é? Era bem novinho ainda. E foi aí que eu entrei pro meio... ainda não tinha ala de compositores. Tinha uns compositores, uma ala de compositores só foi criada depois. E foi assim que eu cheguei na Portela e que Paulinho também chegou por méritos, compreendeu? Porque ele era bom mesmo. O moleque já chegou esperto. Aí nós o acolhemos e ele está aí.

Quando e por que fez com Chico Santana o samba de "Paulo a Paulinho"? Fale um pouco dessa composição, por favor.
O Chico fez uma primeira parte... "...Antigamente era Paulo da Portela, agora é Paulinho da Viola. Paulo da Portela nosso professor, Paulinho da Viola o seu sucessor. Vejam que coisa tão bela, o passado e o presente da nossa querida Portela..." Fez e eu

Paulinho merece essa homenagem, é um garoto educado... palavras do seu Rufino, diz assim: "esse menino é o retrato do Paulo". Do Paulo da Portela. A maneira simplicidade. E eu aí carinhosamente digo "...Ó Deus, conservai esse menino, que a Portela do seu Natalino saúda com amor e paz..." Ele merece muito".

não estava presente, aí veio o Alvaiade. Isso eu soube depois pelo próprio Chico. Alvaiade quis acabar, quis botar a segunda parte. Aí o Chico: "Ô Alvaiade, eu vou guardar pro Monarco. Eu já tinha feito com ele. Depois eu faço outra contigo. Essa eu vou guardar pro Monarco, não fica zangado, não". Aí segurou pra mim. Quando eu fui na feira de Oswaldo Cruz, uma feira onde a gente se encontrava, todas as quartas-feiras. Eu não estava morando mais ali em Oswaldo Cruz, eu tinha me mudado, mas eu gostava de ir sempre na feira. Quando cheguei lá ele estava no botequim: "ô, compadre, foi bom tu chegar aqui. Tô com uma primeira, aí, pra tu ouvir". Eu disse: "canta, Chico, quero ouvir, sim". Ele cantou e eu disse, "pôxa, Chico, que coisa bonita". Naquela época não tinha gravador, a gente não botava gravador, ficava decorando pra aprender. Aí ele cantou várias vezes e nós ficamos bebendo cerveja ali, ele cantava e aquilo foi ficando na minha cabeça. Eu saí dali com a primeira parte já dominada. Aí eu encaixei a segunda parte. Encaixei a segunda e fui lá mostrar a ele. Eu disse: "Chico, vê o que que tu acha, eu fiz uma segunda aí". Aí quando eu cantei: "ih, compadre, você foi feliz". Aí ficou aquela festa, brindamos com cerveja. Fiz a segunda, a primeira dele terminava: ".. vejam que coisa tão bela, o passado e o presente da nossa querida Portela..." Aí eu entrei: "...Paulo, com sua voz comovente, cantava ensinando a gente, com pureza e prazer. O seu sucessor na mesma trilha, é razão que hoje brilha, vaidade nele não se vê. Ó Deus conservai esse menino, que a Portela do seu Natalino saúda com amor e paz. Quem manda um abraço é Rufino, pois Candeia e Picolino lhe desejam muito mais..." Quer dizer, encaixei, falei, contei a história da cultura da Portela! Natalino era o nosso Natal, seu Natalino. A Portela do seu Natalino, que ele ainda ficou: "compadre, você ainda está dando muito a Portela pro Natal!" Eu digo, "Chico, a primeira é assim, se você acha que..." É que ele tinha uma rixazinha com o Natal. Ele de vez em quando tomava uns negócios, Natal chamava a atenção dele lá. Então ele ficava meio assim com Natal. Eu disse: olha, o Natal deu a vida pela Portela. Ele pode ter as ignorâncias, mas ele é Portela, ele ama a Portela. Então, eu fiz "Deus conservai esse menino, que a Portela do seu Natalino", compreendeu? Porque ele é um dos baluartes daqui. Agora, se você não quiser, tu me dá a minha segunda e você fica com a tua primeira e nós continuamos amigos. O Alvaiade, que estava do lado, disse: "O que é isso, ô Chico? Poxa!" Chico se conformou, porque ele achou que aquele trechinho ali, a Portela do seu Natalino, eu dei muito a Portela pro Natal. Eu digo: "não, eu não dei, eu fiz assim. Foi inspirado, nasceu assim". Aí ficou, acabou e o samba foi pro terreiro e até hoje é cantado por aí. E Paulinho, quando ouviu esse samba pela primeira vez, eu estava arranjando emprego no *Jornal do Brasil*. Eu guardava carro no *Jornal do Brasil*. E lá, por sorte, coisa do destino, quem é que vinha descendo no elevador? Era aqui na Avenida Rio Branco, o Jornal do Brasil era aqui, no 108 ou 110. Aí quando eu venho descendo naquele elevador de porta pantográfica. "Ô Paulinho!" "Monarco!" Aí me abraçou. "Ih, Paulinho, eu fiz um samba aí. Não sei, vou cantar pra você, você quer ouvir." "Ah, claro, compadre." Eu peguei cantei, ele ficou encabulado. "Ô compadre, vocês não têm o que inventar, vocês não têm o que inventar!" Eu digo: "gostou ou não gostou?" "Tá bonito, obrigado pela homenagem!", ele falou. O primeiro a cantar pra ele fui eu. Esse samba onde todo mundo canta junto, nós fomos um pouco felizes. A primeira dele é linda, não é? A minha veio procurando ao menos valorizar a primeira parte dele, que o Paulinho merece essa homenagem, que é um garoto educado, é um garoto... palavras do seu Rufino, diz assim: "esse menino é o retrato do Paulo". Do Paulo da Portela. A maneira simplicidade. E eu aí carinhosamente digo "...Ó Deus conservai esse menino, que a Portela do seu Natalino saúda com amor e paz..." Ele merece muito". Nós adoramos o Paulinho. Paulinho, vou dizer uma coisa: a Velha Guarda da Portela. Nós lá na Portela adoramos o Paulinho. Ele se aborreceu uma vez, ficou afastado, com umas coisas que andaram acontecendo lá na Portela... Isso não vale a pena nem lembrar. Mas não foi pra lugar nenhum. Chamaram ele para uma escola... ele não foi pra lugar nenhum! Foi na Portela fazer um show uma vez, nós seguramos ele lá, eu e o Alberto: "Paulinho, volta, Paulinho a casa é tua, Paulinho!" "É, vou desfilar, sim!" Aí corremos pro microfone: "Paulinho vai sair esse ano!" Ih, foi uma alegria. E ele é Portela de coração! Tem uma classe, sabe, Paulinho.... Ele foi um dia desses fazer um show em Juiz de Fora. Você vê, olha a decência. Quando ele foi fazer o show, levaram ele numa rádio pra fazer chamada sobre o show, qualquer coisa. Quando ele chegou lá, o locutor do programa, quando viu o Paulinho chegar, foi uma alegria, uma emoção enorme. "Paulinho da Viola chegando aqui agora, o príncipe do samba!" Ele disse: "não, príncipe do samba já tem! Não sou eu, não, é o Roberto Silva!" Ele tem muita classe, é um exemplo no nosso samba. Por isso que eu digo no meu samba, "Ó, Deus, conservai esse menino!"

Ele sempre teve, acho que é um ponto interessante, essa classe, não é? Nunca se deslumbrou...
Ele chegou lá assim. Nunca quis ser melhor do que ninguém, nunca quis competir com ninguém. Teve aquele samba-enredo na Portela, ganhou... ele ainda não era Paulinho da Viola. Ele saiu depois, não fez mais, mas ficou ali com a gente e tal, fazendo o terreirinho dele... Gravou várias coisas nossas, de compositores da Portela antiga. E mantém ali, sempre ao lado desse samba que ele se criou, ele está ali sempre.

Me diz uma coisa. Quando ele produziu o primeiro disco pra Velha Guarda, você ainda não pertencia à Velha Guarda da Portela?

Não tinha Velha Guarda nessa época, não tinha. Existiam os antigos, que diziam: "aquele lá é velha guarda!" Mas o conjunto… Não tinha o grupo. Não tinha o grupo, o grupo é após o disco. Tinha o pessoal, seu Caetano, principalmente, é um velha guarda. Seu Rufino era um velha guarda. Então lá na leiteria do seu João eu gostava de ficar assim, vendo eles cantarem, seu Rufino cantando aquelas coisas do Heitor, do Paulo, deles ali. Aí, eu vi, a turma da velha guarda tá ali. Quer dizer que já tinha. Tanto que o Pixinguinha mesmo já chegou a ser turma da velha guarda. A velha guarda em si, o nome, sempre existiu. Cartola era um velha guarda… Carlos Cachaça era… Agora, o grupo foi após essa gravação, que o sonho dele era registrar aquelas obras que estavam morrendo, por ali mesmo. Coisas lindas, que se faziam com o coração, sem pensar em gravar, espontaneamente. Ninguém pensava. Hoje tu vai… "Ih, eu estou com um samba aqui, a cara do Zeca Pagodinho." Ninguém fazia nada disso, cara de não sei de quê. Não tinha. Fazia com o coração e cantava ali na comunidade. De repente até morria por ali mesmo. Muitas coisas se perderam. O sonho dele era que não se perdessem… era registrar aquelas obras bonitas e não deixar se perder. O sonho dele foi realizado. Ele aí começou a escolher, ia lá aos domingos na casa da Vicentina. Fazia uma comida lá, a gente ficava. "Ih, o Paulinho está aí", a gente ia. A intenção dele era uma coisa sincera, honesta, não é? Daí ele começou a escolher. Escolheu coisas do Paulo, do Heitor, seu Caetano, do Alcides. E tive a felicidade dele escolher um samba meu. Que eu era ali, bem dizer, um menino no meio deles, compreendeu? No meio deles era um não sei, ele gostou desse samba meu. Esse samba vai entrar, o samba do Monarco. Aí me disseram: "Ih, Monarco, vai lá que tem um samba teu". Aí eu fui lá, encontrei ele. Cantei várias coisas pra ele do Chico Santana, o "Saco de feijão", ele não gravou. Paulinho não gravou isso, ele não ligou, sabe, não é por nada. "Saco de feijão", ele riu à beça. "De quem é Monarco? Esses caras não têm o que inventar..".".... de que me serve um saco cheio de dinheiro, pra comprar um quilo de feijão..." Depois a Beth foi lá e gravou, sucesso nacional... Então, o "Lenço". Cantei o "Lenço" pra ele, depois ele gravou. "...se o teu amor fosse um amor de verdade. Eu não..." Eu e Chico Santana. "...ter maior felicidade..." Aí ele ficou ali com a gente, todo domingo ele ia, né, até fazer o disco. Que ele parece que conversou com uma pessoa aí... que eu não me lembro bem, parece que essa pessoa tinha bom conhecimento nos meios das gravadoras. Não sei se foi o João Araújo, eu não sei quem foi. Eu não me lembro...

O disco foi feito pela Odeon, que era a gravadora dele, do Paulinho.

É, O Passado de glória [RGE, 1970]. O Paulinho eu acho que já estava, realmente, na Odeon. Mas esse disco parece que... Agora, se não me engano, já estava na RGE. Porque, olha, porque todas as músicas foram editadas na Fermata. E a Fermata tinha alguma coisa com a RGE.

Então Paulinho começou a escolher. Escolheu "Quantas lágrimas", do Manacéa, escolheu coisas lindas. Esse disco foi quase tudo regravado. Ele dava um disco a uma amiga dele, uma cantora. Toma, escuta isso aí. E a Clara Nunes veio e pegou o "... o meus olhos vertem em lágrimas, meu coração arde em chama..." ["Sofrimento de quem ama"] é do Alberto Lonato. Veio a Cristina Buarque com "Quantas lágrimas", sucesso nacional! "Ai, quantas lágrimas eu tenho derramado..." Isso quem gravou foi Manacéa, cantando. Depois a Cristina veio, gravou, foi sucesso. Ela foi a criadora. "Desengano", Beth Carvalho gravou "... um desengano dói, a minha alma tanto sente. Uma dor pungente invadiu o meu coração..." Então cada um gravou. Alcides gravou o "Ando penando"... Alcides tinha uma voz bonita! E o João da Gente, que era craque mesmo no versar de improviso e tudo, gravou o "Cocorocó" do Paulo da Portela e uns partidos que teve ali, o João versou de improviso, fez verso de improviso dentro do estúdio. "... O Jair do Cavaquinho e o Paulinho da Viola, dois cabrochos da Portela, onde a beleza consola..." Isso foi de improviso! Improviso do João, não é verso decorado, não. "... bebi água não sei o quê, não buli no bebedouro, encontrei Hermínio Bello [de Carvalho] com sua *Rosa de Ouro*...".

Improviso, tudo improviso.
Um repentista, João da Gente. Então, Cartola tirava o chapéu pra ele. No enterro dele Cartola foi. Lá no cemitério de Irajá. Cartola de terninho azul. Abracei ele: "vocês perderam uma grande voz. Esse cara cantava muito". E ele quando via Cartola, também... Ih, o João da Gente vinha: "Monarco, tu não sabe quem eu vi lá no Caju!" O professor Cartola! Ele gostava do Cartola muito, né? eles tinham uma amizade ferrenha. Então a intenção do Paulinho foi essa, ele fez o disco. O disco não foi um negócio de vendagem, não vendeu milhões de cópias, nem nada, mas foi um registro bonito, honesto, que até hoje é elogiado.

Contribuiu assim, pra colocar um pouco a Portela mais assim, à frente do cenário nacional nesse disco?
Foi muito bom! Claro, porque esse pessoal não gravava, né? Alcides nunca gravou cantando, pela primeira vez, né? João da Gente nunca gravou cantando. E tem o retrato do Paulo, do lado na con-

tracapa, tem o Paulo da Portela com aquela gravata dele. O Paulo foi um civilizador. Chamava os sambistas para procurar se vestir direito, porque já eram olhados com olho meio assim, negócio de vagabundagem, aquela coisa. E o Paulo civilizou os sambistas. Então tem o retrato do Paulo com aquela gravata tipo poeta na contracapa, na capa e atrás tem o retrato da gente. O mais novo sou eu, meio agachadinho ainda e tal. Está o seu João da Gente, está o seu Caetano que fez a nossa águia, não é? Antônio da Silva Caetano, seu Rufino. Ele gravou um samba do Heitor. O Heitor passou lá pela Portela. Não ficou, porque teve ainda era bloco e tal, mas o Heitor passou lá. Heitor dos Prazeres "... a tristeza me persegue, ora veja que martírio meu. Muito embora na orgia, eu não tenho alegria, meu Deus..." ["Tristeza"] A segunda parte era versado de improviso. Ele procurou as coisas lindas mesmo, né?

Soube produzir o disco muito bem.
A Marisa Monte agora deu continuidade. Marisa agora veio dar continuidade ao trabalho...
Não tinha a Velha Guarda da Portela, mas depois do disco passou a existir de fato um grupo...

... essas são as pessoas que compõem a Velha Guarda da Portela. Aí você entrou?
Eu entrei.

No lugar de alguém ou o quê?
Não, eu tinha a música no disco, não é? Acho que aquilo ali foi uma colher de chá que me deram, eu aceitei, porque eu não ia, porque eu trabalhava no peixe e eu não tinha tempo, o patrão... tanto que no dia da gravação eu nem fui, Jair que gravou meu samba.

Você não estava lá.
Eu não estava. Eu tentei sair e o homem lá: "poxa, o trabalho aí cheio e você querer sair pra ver negócio de samba". Eu digo: "Tá bem!" Aí tive que ficar, fiquei triste, não é? Depois me deram o disco, eu fiquei feliz, fui pra casa. Tinha o Miginha. Miginha tinha no disco também, "Chega de padecer" "... pensar em ti..." Esse era analfabeto, não sabia nem escrever o nome dele. Botava o dedão polegar lá em cima, o Miginha. "... sentimento em meu peito eu tenho demais, alegria..." Tá no *Nervos de Aço*. Esse samba está no *Nervos de Aço*... Miginha. Ele gravou o Miginha. Miginha tomava porre todo dia. Ganhou um dinheirinho, não é? Miginha estava lá em Oswaldo Cruz, além de duro, de repente Paulinho apareceu, aí pintou um trocadinho...

Depois dessa gravação formou-se o grupo Velha Guarda da Portela, show. Fomos pra São Paulo. Primeira viagem a São Paulo, eu ainda me lembro, foi o João da Gente. Vicentina era a única pastora nossa. Nós não tínhamos, só tinha a Vicentina. E ela lá em São Paulo, foi na Fundação Getúlio Vargas, o primeiro show que a Velha Guarda fez em São Paulo, em 1971, 72, por aí. Paulinho da Viola, Elton Medeiros e Velha Guarda da Portela. A fila dobrava a esquina, teatro superlotado. Vicentina com um prato de salgado na mão sambando miudinho no pé. O teatro quase veio abaixo, compreendeu? Grande Vicentina! Depois ela ficou meio dodói, me chamou: "Monarco, avisa ao Manacéa que eu não posso ir mais, o médico me proibiu de cantar". E aí ficamos tristes, né, perdemos Vicentina. Dessa turma que está aí perdemos Vicentina, perdemos Alvaiade, já não tem quase ninguém. Perdemos Alvaiade, perdemos João da Gente, Alcides, Ventura. Quer dizer, o puro suco mesmo da Velha Guarda... foram todos embora. Só está aí eu e Casquinha. Casquinha tocou surdo, na gravação e eu tinha o samba. Então, essa turma já foi toda embora. Infelizmente, Papai do Céu quis assim. Não se pode...

Vamos falar um pouquinho do *Nervos de* aço, Monarco? Foi bom esse papo antes do disco, porque todas essas pessoas você citou aqui, pra gente que chegou depois. Músicos, artistas que chegaram depois, que acabou conhecendo o trabalho de vocês depois é muito claro, assim. É um samba de raiz, ali, que acontece na Portela, onde vocês se encontram e até onde algumas pessoas moram. E o som que é produzido ali, tem uma característica muito específica, a gente reconhece a sonoridade pela batida, pelas letras, pela instrumentação. Quando vai pra mão do Paulinho da Viola, já tem uma mistura, já vira outra coisa. Embora ele sendo portelense, ele por ser um músico do jeito que é, muito talentoso, não é? Ele pega o samba, mas transforma um pouco numa outra coisa e já fica um pouco diferente. Tudo bem pra vocês da Portela olharem pro samba na mão dele um pouco transformado? Ou é aquilo mesmo, vocês não acham que é tão diferente assim, é só uma releitura? Tudo bem, porque soa um pouco diferente, não é? Principalmente porque esse disco aqui que a gente escolheu, o *Nervos de* aço, onde o samba já começa a tomar outras direções, nessa época. Você lembra disso? Tudo bem pra vocês, como é que vocês conviviam com isso naquela época? Hoje é até mais fácil falar, em releitura, mas naquela época não era assim. Ou você não concorda com nada disso?

Tem certas coisas que eu... Pra mim, fica um pouco assim difícil de responder, porque eu não... eu não entendo bem essas coisas. Sei lá, têm pessoas que não gostam, não é? reclamaram lá uma vez. "Poxa, Paulinho gravou o 'Lenço' diferente, não sei o quê!"

Não, ele achou que assim estava bem, ele gravou a música assim, pra mim está bom, compreendeu? Mas ele puxou o andamento um pouquinho pra trás, deu uma roupagenzinha lá diferente, mas o lance dele, que ele achou que rendia melhor assim. O que que eu vou fazer? Eu, não, fiquei feliz. Mas tiveram pessoas que perguntaram: "O Paulinho não sofisticou não sei o quê ali?" Isso é, nunca é unânime, não é? Sempre tem alguém... "não se pode contentar a gregos e troianos. Mas o "Chega de padecer", do Miginha, ele canta legal no cavaco. O "Sentimento", ele gravou. Gravou normalmente como um mero samba de terreiro da Portela. "... sentimento, em meu peito eu tenho demais, alegria que eu tinha nunca mais. Depois daquele dia em que fui sabedor que a mulher que eu mais amava nunca me teve amor..." Ele gravou dentro do... do espírito, compreendeu? Agora, eu não sei, ele às vezes, pode dar uma roupagem... diferente, pode botar arranjo, outras coisas, uns metais, uma coisa aí, não é?

Eu pergunto isso pela seguinte razão. Porque eu, que sou muito mais novo, não muito mais novo do que você, mas um pouco mais novo. Eu fui a um show do Paulinho uma vez em São Paulo e ele estava lançando o *Bebadosamba* [BMG, 1996], que pra mim é um disco espetacular. Um dos melhores que ele já fez, na minha opinião. Eu adoro *Nervos de Aço*, é meu preferido, porém o *Bebadosamba* acho um disco extraordinário. Muito bom na carreira dele. Fui nesse show. Ali que a gente se conheceu pessoalmente. Conheço Paulinho da Viola desde a época do colégio. Mas aí nesse dia, ele tocou "Roendo as unhas". E no meio do show essa música se destacou, porque é um samba diferente, ele tem acordes diferentes. Fui no camarim falar com ele. Ele me reconheceu. Ah, você é o menino dos Titãs. Eu pensei "o cara sabe

quem eu sou, fiquei feliz". Muito feliz, aliás. Aí falei: "tem uma música que você tocou no repertório que é diferente". Ele, de cara,: "'Roendo as unhas'. Foi um experimento meu". São palavras até dele mesmo. Ele se permitia experimentar em cima daquilo que ele aprendeu com vocês, lá na Portela e outros lugares, não é? Então, o pessoal estranhava... "mas isso não é samba! Isso é outra coisa!" Reclamava. Outros, com você, falavam: "não tudo bem, deixa o cara".

Ele trouxe o samba assim, um andamento mais pra trás, porque o samba é ... "...se o teu amor fosse um amor de verdade..." e ele já gravou com outra entonação. O Gaya, parece que fez os arranjos, eu não me lembro bem. "... eu não queria..." Fez um negócio lá. Ele quis gravar assim, ele achou que estava bem. Não tem nada a ver. Que às vezes, acontece mesmo da pessoa pegar uma música e botar no andamento em que eles acham que devem botar os arranjos, não é? Às vezes o samba é de terreiro, é um andamento, mas a pessoa que grava, às vezes traz... Você vê a Elis Regina, que pegou o: "... quando piso em folhas secas, caídas de uma..." ["Folhas secas", Nelson Cavaquinho e Guilherme de Brito]. Gravou lentinho e tal. Já a Beth Carvalho gravou mais pra frente...

O samba de terreiro é mais...
O samba de terreiro é mais acelerado...é mais acelerado um pouquinho. A batida é diferente. Agora, têm pessoas que às vezes vão gravar e trazem, sabe, dão uma roupagem diferente, assim. Como no caso da Elis com "Folhas secas". Ela gravou, trouxe mais pra trás.O Geraldo Pereira, aquele menino, o João Gilberto, pegou um samba do Geraldo, o "Bolinha de papel", botou bossa nova, assim. O Geraldo: "... só tenho medo da falseta, mas adoro a Julieta como adoro a Papai do Céu. Quero o seu amor minha santinha, mas só não quero que me faça de bolinha de papel..."

Geraldo Pereira. O João Gilberto pegou, gravou e "... a primeira vez que te encontrei, alimentei a ilusão..." ["A primeira vez"] trouxe pro lance dele que é da bossa nova. E o samba obedece, se comporta direitinho lá no cantinho dele.

Olha, não é muito do nosso assunto, mas já que você tocou nesse ponto, vale a pena perguntar. Quando vocês ouviram o João Gilberto, o que vocês acharam? Vocês estranharam, acharam que não era samba? Você lembra assim?
É a Bossa Nova, né? Eu não tenho nada contra a Bossa Nova, é um andamento diferente do nosso. Mas tudo é samba, tudo é música, tudo.... não tenho nada disso. Eu não sou contra ritmo nenhum. Eu sou fiel, sambista rotulado. Pode quem quiser falar. O que é que eu vou fazer? eu quando vou compor já me sinto envolvido por aquilo que eu aprendi desde menino, entendeu? Mas eu adoro outro tipo de música, outro gênero musical, outro andamento.

Você já cantou bossa nova alguma vez na vida?
Não, não, não... Porque tem tanta coisa pra eu cantar, que às vezes eu saio do palco: "e você não cantou aquela". Não tenho tempo de cantar Bossa Nova. Mas eu gosto. "Vinícius", o que que há? Vinícius de Moraes, o Tom Jobim, essa turma aí. O João Gilberto gravou um grande amigo meu, Jayme Silva. O Jayme, que já não está mais com a gente aqui. Que agora eu coloquei uma música dele no disco da Marisa Monte, "Canário" [*Universo ao meu redor*, EMI 2006]. Quem colocou essa música fui eu. O Jayme, de "O pato". "O pato, vinha cantando alegremente, quém quém... Quando o marreco sorridente, também, quis entrar também no samba..." O Jayme era um mulato, fanfarrão alegre. O samba estava meio de caixa baixa aquela época. O samba às vezes dava

uma cochiladinha, ficava meio no esquecimento...

Você acompanhou a gravação de *Nervos de Aço*?
Não, não pude ir. Quando o disco saiu eu comprei. Tem lá em casa e tudo. A gente compra um do outro, né? Comprei o disco do Cartola, Cartola comprou o meu. Um disco muito bonito.

O que você achou, na época, do disco?
Adorei, adorei. E o Paulinho regravar essa música foi uma coisa muito bonita...

Qual música?
"Nervos de Aço"... adorei. Ele gravou o Miginha nesse disco também, que foi o "Sentimento". Disco muito bonito. "...Há pessoas com nervos de aço, sem sangue na veia, sem coração..." Isso aí serve pra mim. Porque eu senti uma saudade imensa quando perdi um grande amor da minha vida. E quando eu a via passar eu ficava... Mas casou direitinho. "...Será que passando o que eu passo, talvez não me venha..". Grande Lupicínio!

O Paulinho costumava frequentar a casa de vocês, a casa das pessoas que ele gostava pra garimpar esses sambas, Monarco? Ele ia na sua casa, por exemplo?
Na minha casa, não, mas ele gostava de ir lá na Portelinha, na casa do Manacéa, lá na Vicentina, que tinha aqueles encontros domingo. O Paulinho ia. Já foi na Doca. Ele ia aos ensaios da Portela.

O que rolava na casa da dona Vicentina?
Cerveja, pagode, feijão e... "Provei do famoso feijão da Vicentina, só quem é da Portela é que sabe que a coisa é divina..." ["No Pagode do Vavá"] É isso aí!

O que você acha desse disco, *Nervos de Aço* dentro da obra toda do Paulinho? Uma obra extraordinária, de um dos maiores artistas do Brasil? Esse disco tem alguma particularidade, se parece com os outros? Qual a sua opinião sobre isso, Monarco?

Esse é um disco muito sentimental, num clima assim meio triste. Eu acho que é isso. Mas a vida é assim mesmo. Tem a alegria, tem a tristeza. Candeia dizia: "se tiver tristeza, tem que ser bonita". Esse disco foi muito bonito, mas o Paulinho, as músicas que ele gravou, são músicas que, realmente, mexem com o coração da gente. Um disco um pouco meio...

Melancólico?

Melancólico, desilusão amorosa, quem está perdendo um grande amor. Qualquer coisa assim.

Será que ele estava passando por um momento desse?

Eu acho que sim. Se não me engano eu acho que, não sei se é esse ou se é *Dança da solidão* que tem ele assim, umas lágrimas...

Não, mas acho que esse também tem. A capa do Elifas... tem uma lágrima.

Eu acho que estava passando por algum problema emocional assim, amoroso, assim. Ele tem um clima assim, meio tristonho. Para mim não está me dizendo nada, que as minhas músicas também retratam muito... meu irmão mais velho que fala que eu sou muito pro lado melancólico, sei lá. Sei lá, se é ou se não é! Mas o disco do Paulinho, esse disco é muito bonito, mas passava, por esse momento, sim. Tá na cara que estava havendo algum problema...

Alguma coisa estava acontecendo.
Justamente, o "Nervos de Aço" está dizendo tudo, não é? "... você sabe o que é ter um amor, meu senhor, ter loucura por uma mulher... e depois encontrar esse amor, meu senhor, nos braços de um outro qualquer.." Acho que é isso. "... você sabe o que é ter um amor, meu senhor e por ele quase morrer. E depois encontrar em um braço..." Isso aí... Eu briguei com uma namorada minha, ela arrumou outro namorado. Aí ela passou com o cara de braço, vou te dizer uma coisa, rapaz, se tivesse um buraco, acho que eu me jogava nesse buraco pra não ver, sabe, porque não é mole, não. É aí que o Lupicínio Rodrigues foi feliz quando diz: "há pessoas com nervos de aço, sem sangue nas veias e sem coração. Será que passando o que eu passo, talvez não lhe venha qualquer..." não é mole, não. Muito bom. Parabéns, Paulinho, parabéns pela escolha do samba esse disco foi maravilhoso!

Resistiu bem ao tempo, você acha?
Resistiu, resistiu. Até hoje eu ouço de vez em quando Paulinho cantando essa música. Jamelão também gravou. Jamelão gravou o repertório do Lupicínio todo. Uma vez eu conversando com o Sivuca e ele falando isso. A música, quando ela é boa, vai sozinha. Essa música não morre. Isso vai de geração em geração, está no selecionado, compreendeu. Vai no caminho das melhores.

Tem vida própria?
Tem, essa tem. Muito feliz o Lupicínio, feliz. Isso aí entra na vida de muitos amantes, de muitos... porque é a pura realidade. Você vê que o camarada quando perde um grande amor, às vezes ele não acredita, né? Eu, principalmente era novinho, parecia que o mundo era meu, que nada ia acontecer. De repente, não quero mais... vem cá... Não quero mais! Depois tu vê passar com outro!

Vou te dizer uma coisa... não é mole, não!

Desses autores que o Paulinho gravou, Miginha você chegou a conhecer?
Conheci demais, Miginha foi um dos mestres. Aprendi muita coisa com o Miginha. Muito embora o Miginha fosse analfabeto. O Miginha tinha dois irmãos, tinha o Manacéa e tinha o Aniceto. Miginha era o irmão do meio. O Miginha não sabia ler, nem escrever. Mas fez coisas lindas. É a dádiva divina mesmo. "... muito embora abandonado eu estou conformado com a minha dor. Deixa eu viver sozinho, eu vivo bem sem teu carinho, amor..." ["Muito embora abandonado", Miginha e Chico Santana] "... sentimento, em meu peito eu tenho demais, a alegria que eu tinha nunca mais. Depois daquele dia em que eu fui sabedor, que a mulher que eu mais amava nunca me teve amor. Hoje ela pensa que estou apaixonado, mas é mentira, está dando o golpe errado. Agora, estou resolvido a não amar a mais ninguém, porque sem ser amado não convém..." ["Sentimento"] Você vê, uma letra simples, mas a melodia... a melodia dele era muito boa mesmo!

Ele já fez a música assim? A música, o Paulinho já pegou com essa melodia toda...
Justamente, Paulinho ouviu...ele ouvia aquelas coisas, não é? Até hoje de vez em quando eu canto pro Paulinho coisas antigas da Portela, que a gente também sabe muita coisa. Que ele gravou. Gravou coisas do Paulo, gravou coisa do Manacéa, gravou Miginha. E de mim, ele já gravou umas três músicas. Gravou Alberto Lonato. De vez em quando eu canto lá do baú, né? Canto aquelas coisas, ele vibra: "de quem é isso, Monarco?" Eu digo: "isso é do Miginha. Isso é de fulano, isso é...", "Mas que coisa bonita!". Quando a gente se encontra, fora de negócio de gravar, de nada,

de mostrar a música. Aquele encontro espontâneo, que Paulinho gosta de tomar uma cervejinha quando acaba tudo e ele fica ali naquele cantinho. Ele vai até de manhã! É, até de manhã, amanhece o dia, o dia tá clareando, e ele gosta disso. Ele adora isso. Zeca Pagodinho também gosta. Zeca diz: "vem pra cá compadre, eu não aguento mais". Entendeu? O quê adianta o dinheiro? Mas não tem aquela liberdade de estar perto dos amigos e lembrar aquelas coisas. Paulinho quando se encontra, a gente se encontra... Ih, ele vai lá em outrora e a gente começa a se lembrar daquelas coisas antigas.

Você acha que hoje [2007], você e o pessoal da Portela, mesmo o pessoal de outras escolas de samba, você acha que teve o reconhecimento que vocês merecem por parte de todo mundo? Assim, as pessoas que gostam de samba... jornalistas, imprensa, vocês acham nesse momento agora, vocês alcançaram o reconhecimento nosso? Somos a essência da música brasileira. Você acha que isso aconteceu, Monarco?
Muito embora um pouco tarde, mas realmente eles agora estão dando. O samba agora ganhou o patrimônio cultural do Brasil. O Lula esteve aí com o Ministro Gilberto Gil. Eu ganhei um certificado, Nelson Sargento também ganhou.

Vocês são tombados, então agora.
Patrimônio...

Vocês são patrimônio... patrimônio do país.
É, então mas sofremos muito, não é? a gente passava, não gravava, entendeu?
É, rapaz, eu não sei por quê, sabe dizer? Eu mesmo não sei expli-

car, mas eu sei que antes tarde do que nunca, né? agora, a gente sofreu muito, porque esses sambas... como eu acabei de falar. Cantava ali na comunidade e por ali mesmo morria e tal. Cartola chegou a vender, não é? E a gente, quando vinha aqui pra baixo mostrar era difícil, porque o disco era 78 rotações. Era uma música de cada lado. Então era difícil, o pessoal aqui já tinha os autores deles, preferidos e tal. Como Orlando Silva tinha aquela, já tinha. Então, quando o camarada gravava uma música dele, eu já sabia que ano que vem já estava mais ou menos até escolhido o repertório, que era duas músicas. Então era difícil gravar, né? Mas graças a Deus, a trancos e barrancos, eles foram vendo... que uma música assim, umas letras às vezes são letras simples, mas as músicas bonitas e tal. O próprio Noel, dizem os antigos aí, o próprio Carlos Cachaça contava pra mim que Noel vinha, atravessava a rua 8 de Dezembro pra ir lá atrás do Cartola. O Noel não tinha nada que aprender com o Cartola, não tinha nada que aprender. Noel já nasceu, fazia tudo. Ele era assim, como um urbano, mas tu vê que tem samba dele na linha, compreendeu? O "Palpite infeliz", tu vê aí que é o andamento "... quem é você que não sabe o que diz, meu Deus do Céu que palpite..." Tu vê, mas ele... aquele negócio de "Conversa de botequim", aquelas coisas. Era assim um andamento meio... Mas ele ia lá atrás do Cartola, por quê? Não era pra aprender nada, que o Noel não tinha que aprender nada. Noel não precisava ser parceiro de ninguém, ele gostava de beber naquela fonte, alguma coisa ele sentia ali. Pra ir lá atrás do Cartola, pra fazer samba com o Antenor Gargalhada ou com o Bide que ele fez: "... fui louco, resolvi tomar juízo. A idade..." ["Fui louco", Noel Rosa e Bide]. Ele tinha um faro e ele gostava. O Ismael... Ismael Silva, ele fez com o Ismael muita coisa e era... o Ismael era linha do morro, Estácio. O Nilton Bastos, aquela turma ali, entendeu? Então o Ismael conta que quando fez um samba, que ele acordou de manhã cedo com aquilo: "...vou vivendo com você num martírio sem igual, vou largar você de mão, com razão para me livrar...." ["Pra me livrar do mal", Noel, Bide e Francisco Alves] para o Noel. Ih, rapaz, estou com um negócio aqui que não sai da minha cabeça...Cantou, e o Noel disse: "ô, Ismael, posso acabar isso?" Aí o Ismael deu uma gargalhada: "claro, meu Deus, quem é que não queria ser parceiro de Noel?" E Noel dizia: "posso acabar isso?" Porque ele gostava daquela linha, compreendeu, de Cartola, de Ismael, do Nilton. Que ele fez. O Noel tem vários parceiros do morro. Ele sentia que era uma coisa feita por pessoas humildes, mas que tinha uma linha, qualquer coisa de interessante ali. É esse samba que hoje ganhou, entendeu, o prêmio de patrimônio cultural.

Que bom, né?
É esse samba que o Carlos me contava, o Carlos Cachaça. Na Mangueira tinha uma pastora que trabalhava num apartamento em Copacabana. Quando ela vinha botar a mesa, ela vinha cantando um samba baixinho do Cartola, lá ou do Gradim, que é um injustiçado. Eu fiz um samba que cita o nome dele e o Carlos: "Olha, você foi feliz. Você falou em um injustiçado. O Gradim não deve nada a ninguém. Foi parceiro de Noel."

Como é o nome?
Gradim. Foi parceiro de Noel Rosa. Foi parceiro de Noel, já vendeu pra Chico Alves, também, naquela época da maré braba. Aí ela vinha trazendo os pratos, botando a mesa e vinha cantando um sambinha lá da Mangueira? "...não quero mais amar a ninguém... não fui feliz..." ["Não quero mais amar a ninguém"] Aquelas coisas do terreiro, do Cartola. A mulher, a patroa chamou a atenção, disse: "olha, vem cá, não fica cantando essas

coisas, um samba de morro aqui em casa, não! Para com isso". Ela ficou sem jeito. Meu marido não gosta disso e a gente aqui, nossa formação não é essa, não sei o quê. Para com isso. Ela pegou, ficou meio triste, aí passou. Fazia comida, não cantava mais nada. A patroa mandou. Aí quando foi lá um belo dia, o patrão: "ô, Zilda"! Que era a Zilda. "Cadê aquele samba bonito que tu vinha cantando, cadê? O que que há, ô Zilda? Cadê?" Quer dizer que o homem gostava, a mulher é que não gostava e botou a culpa, entendeu? Uma duquesa. Isso quem me contava era o Carlos Cachaça. Carlos me contava...

Que marido descontrolado, hein!
Cadê aquele samba bonito que tu cantava aí... Mas é isso... O

INDÚSTRIAS ELÉTRICAS E MUSICAIS FÁBRICA ODEON S.A. - R. OD
TODOS OS DIREITOS DO PRODUTOR FONOGRÁFICO E DO PROPRIETÁRIO DA

ODEON

SBRXLD-12.448

ERVOS DE AÇO
ULINHO DA VIOLA

O QUERO MAIS AMAR A NINGUÉM
é da Zilda-Cartola-Carlos Cachaça)
Marajoara - 2:47

ESTEREO Lado 2
℗ 1973

GA LUZIA (Wilson Batista-
ge de Castro) 2:32
DADE SUBMERSA (Paulinho da Viola) 3:34
NHO DE UM CARNAVAL
hico Buarque) 2:38
ÔRO NEGRO (Paulinho da Viola-
nando Costa) 3:24

1973 - ODEON - BRASIL

SMOFB-3797

© Charles Gavin, Canal Brasil; © Desta edição, Ímã Editorial

Direção geral Charles Gavin
Coordenação Luis Marcelo Mendes
Edição Julio Silveira
Projeto gráfico Tecnopop
Revisão Monica Ramalho
Fotos Thiago Barros
Transcrição Rosa Wippel

Agradecimentos especiais a
Paulo Mendonça • André Saddy • Carlinhos Wanderley
Catia Mattos • Canal Brasil • Darcy Burger • André Braga
Bravo Produções • Gabriela Gastal • Gabriela Figueiredo
Samba Filmes • Zunga • Yanê Montenegro
Oi • Secretaria de Cultura Governo do Rio de Janeiro

V795   Viola, Paulinho [Paulo César Batista de Faria], 1942-—
Nervos de Aço (1973) : Paulinho da Viola : entrevistas a
Charles Gavin / Entrevistas de Paulinho da Viola e Monarco a Charles Gavin. — Rio de Janeiro: Ímã Editorial |
Livros de Criação, 2014.
100 p. : il. ; 21 cm. — (O som do vinil).

ISBN   978-85-64528-64-2

1. Música popular — Brasil — História. 2. Músicos— Entrevista. I. Gavin, Charles, 1960 —. II. Título.

CDD 782.421640981
CDU 784.4(81)

Produzido no Rio de Janeiro em 2014, comemorando 50 anos de atividades de Paulinho da Viola.
O projeto empregou as tipologias FreightText e FreightSans.

Ímã Editorial | Livros de Criação
www.imaeditorial.com